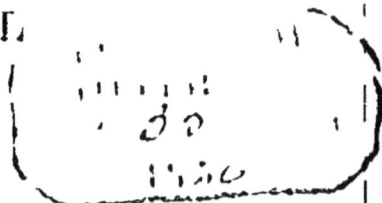

J. D'AVENEL

# LE STOÏCISME

## ET

## LES STOÏCIENS

PARIS

SOCIÉTÉ GÉNÉRALE DE LIBRAIRIE CATHOLIQUE

**VICTOR PALMÉ, DIRECTEUR GÉNÉRAL**

*Rue des Saints-Pères, 76*

BRUXELLES  Société Belge de Librairie

*Rue des Paroissiens, 12*

1886

# LE STOÏCISME & LES STOÏCIENS

J. D'AVENEL

# LE STOÏCISME

## ET

## LES STOÏCIENS

PARIS

SOCIÉTÉ GÉNÉRALE DE LIBRAIRIE CATHOLIQUE

**VICTOR PALME, DIRECTEUR GÉNÉRAL**

*Rue des Saints-Pères, 76*

BRUXELLES · SOCIÉTÉ BELGE DE LIBRAIRIE

*Rue des Paroissiens, 12*

1886

# A ma Mère

Ma Mère, c'est à vous que je veux dédier cette étude sur le Stoïcisme.

Plus d'une fois en effet, votre pensée, en l'écrivant, m'est venue à l'esprit.

A une époque où l'honneur et l'attachement à la religion étaient traités comme des crimes, âgée de sept ans, séparée de votre père émigré et de votre mère que l'on avait jetée dans un cachot; la fortune de l'un confisquée, celle de l'autre placée sous le séquestre; que de courses, à demi morte de tristesse et de faim, vous avez entreprises ; que de démarches pénibles vous avez faites pour obtenir la liberté de celle dont la prison semblait bien proche de l'échafaud.

Au milieu de ces épreuves, jamais dans le murmure, mais pleine de résignation et courbant votre jeune front devant les décrets de la Providence, vous étiez déjà pour la fermeté d'âme une vraie Stoïcienne.

Mais combien vos idées différaient de celles des Stoïciens en ce qui touche la pitié ! Pour les témoins de votre vie l'étendue de vos aumônes fut quelque chose de prodigieux.

Ayant connu le malheur, les malheureux étaient pour vous des frères.

C'était peu pour vous de les assister de votre or si vous n'y joigniez votre cœur d'où s'épanchaient sans mesure des trésors de charité.

Un beau spectacle m'a un jour été donné : c'est celui de pauvres vieillards qui, ayant demandé comme une faveur à voir votre portrait et se trouvant en face de lui, éclatèrent en sanglots.

Ma Mère, s'il y a dans vos enfants quelque chose de bon, je le dis avec une conviction profonde, après Dieu, c'est à vous en grande partie qu'ils le doivent.

# Préliminaires historiques.

Elle est tombee (la doctrine stoïcienne), malgré ses tres grandes
parties .
        Jules Simon, *Le Devoir.*

Trois cents ans environ avant l'ère chrétienne, un jeune négociant de Citium[1] se
rendait en Phénicie pour y acheter de la
pourpre. Jeté par la tempête sur les côtes
de l'Attique, il se dirigea vers Athènes.
C'est là qu'étant entré dans la boutique

---

(1) Cujas s'est trompe en faisant naître Zénon non à
Citium, colonie phenicienne de l'île de Chypre, mais
dans une autre Citium située en Macédoine et dont
il est question dans Tite-Live.

d'un libraire, il le trouva lisant les *Entre-tiens de Socrate* [1]. Le libraire en était à la page où le *vieillard voisin du doux Hy-mette* [2] nous montre Hercule hésitant sur la route qu'il doit suivre. La volu... ...lui promet les sourires de l'amour [3]; la ... ... l'exhorte à vénérer les dieux et à se donner à lui-même, en faisant de bonnes actions, le plus beau des spectacles [4].

---

(1) Ξενοφοντος απομνημονευματα.

(2) Dulcique senex vicinus Hymetto. (JUVÉNAL.)

(3) Τοις δε παιδικαις ομιλων μαλισταν ευφρανθειης. (XÉNO-PHON.)

(4) Hercule, fatigué de sa course eternelle,
S'assit un jour, dit-on, dans un double chemin;
Il vit la volupté qui lui tendait la main,
Il suivit la vertu qui lui sembla plus belle.

Zénon, ainsi se nommait le jeune Cypriote, s'enquit où l'on trouvait des hommes professant une telle doctrine. Le libraire lui montra Cratès qui passait en ce moment devant eux, et le jeune marchand, résolu à imiter l'Hercule de Xénophon [1], entra ce jour-là même dans l'école de celui qui avait tenu un moment le sort de Thèbes entre ses mains [2].

Après Cratès, Zénon eut successivement

---

Alfred de Musset oublie ici qu'Hercule au bivouac ne pouvait être fatigué de ses courses héroïques, Ηρηθος μεν ο Ηρχλης εν πω δέν αιρει του βιου, nous dit saint Basile après Prodicus, Silius Italicus et Philostrate. (*Homélie* xxiv.)

(1) Herculem Xenophontium. (*Ciceronis epistolæ.*)

(2) Alexandre avait offert à Cratès de relever Thèbes de ses ruines pour peu qu'il lui en témoignât le désir.

pour maîtres Xénocrate, sur lequel n'avaient

de prise ni les séductions de Phryné ni celles

du roi de Macédoine, Stilpon le mégarique,

Diodore l'académicien, et ce Polémon qui,

———

Nous allons essayer de traduire quelques vers de ce philosophe qui nous ont été conservés par l'empereur Julien :

« Filles de Mnemosyne et du maître des Dieux,
Muses de l'Helicon, ecoutez ma prière !
Que sans flatter mon corps qui penche vers la terre
Quand il le faut je sache acceder a ses vœux.
Puisse-je à mes amis sans faiblesse complaire,
Et mépriser des cours les presents orgueilleux.
A la fourmi suffit sa richesse modeste;
Comme elle que de peu se contente mon cœur;
Sainte Divinité, justice, je t'atteste,
T'aimer, te posseder, voilà le seul bonheur;
Ce bonheur je l'attends de vous, muses propices,
Et je vous offrirai non le sang des genisses
Mais d'un cœur vertueux le tribut bien meilleur,

JULIEN, εις τους απαιδευτους ϰυνας.

entré à demi ivre dans l'école de Xénocrate, en était sorti gagné à la vertu par l'éloquence du maître.

Zénon, d'après les conseils de l'oracle, abandonna plus tard les vivants pour les morts, et finit par ouvrir dans le Portique, nommé aussi le Pécile à cause des peintures dont l'avaient orné Myron et Polygnote, une école rivale de celle d'Épicure.

Parvenu bientôt à la célébrité, il vit Athènes et Citium lui offrir des couronnes; Démétrius l'invita même à se rendre dans ses États où, lui disait-il, il serait non seulement le maître du roi, mais le maître de tous les Macédoniens [1]; aussi Zénon remerciait-il la fortune de l'avoir conduit dans le Portique [2], puisqu'il n'avait jamais navigué plus heureusement que depuis le jour où il avait fait naufrage [3].

La mort fatale à tant de réputations ne fit que couronner la sienne. Ce n'était pas, disait son épitaphe, en posant le mont Pélion sur le mont Ossa [4], mais en pratiquant la vertu qu'il était entré dans

---

(1) Διοτι ου ενος εμου παιδευτη, παντων δε Μακεδονων συλληβδην. (DIOGÈNE LAERCE.)

(2) Ευγε, ειπεν, ο τυχη, ποιεις, εις την τριβωνα και την στοαν ανενοουσα ημας. (S. ÉPIPHANE )

(3) Νυν ευπλοηκα οτι νεναυαγηκα. (DIOGÈNE LAERCE.)

(4) Ουν Οσση Πηλιον ενθεμενος. (DIOGÈNE LAERCE )

l'Olympe. S'il n'était pas entré dans l'O-
lympe, il était entré du moins dans la
célébrité, et trois siècles plus tard, le plus
grand orateur que Rome ait eu jamais
rendait hommage à son génie [1].

Cléanthe et Chrysippe furent ses premiers
successeurs. Le nom de Chrysippe est l'un
de ceux que la renommée porte à travers
les siècles sur ses deux ailes, l'une blanche,
l'autre noire [2]. Si d'un côté l'on a dit de
lui qu'il n'avait rien omis de tout ce qui

---

[1] Fuit enim quidam summo ingenio vir. (CICÉRON,
*Pro Murenâ.*)

[2] One both his wings one black the other white
(MILTON, *Samson agoniste*)

touché aux principes de sa secte [1], si tout en le trouvant un peu trop Grec [2], Sénèque le met au-dessus des plus grands généraux et des législateurs les plus illustres, Lucien, d'un autre côté, ne lui épargne pas les railleries [3], et chez les modernes, Adam Smith n'a vu en lui qu'un dialecticien sans goût [4].

Peut-être en le supprimant eût-on sup-

---

[1] Quid enim prætermissum a Chrysippo in stoicis. (CICERON, *De finibus bonorum et malorum* )

[2] Magnum, me Hercule, virum, sed tamen Græcum.

[3] Dans son dialogue des *Sectes aux encheres.*

[4] ADAM SMITH, *Théorie des sentiments moraux.*

primé l'école entière du Portique [1]; mais suffisait-il que son nom signifiât cheval d'or pour qu'on le déclarât détaché du char du soleil! Ce qu'il y a de sûr, c'est que dans cet or il y avait beaucoup d'alliage.

Mentionnons encore ici Ariston qui retranchait dans la philosophie la physique et la dialectique; Persée, pour qui les dieux n'étaient que les inventeurs des arts utiles; Hérile de Carthage, qui faisait dépendre la vertu des temps et des lieux; Zénon de Tharse, qui continua dans Athènes son

(1) DIOGÈNE LAERCE

homonyme de Citium; Panætius de Rhodes, l'ami de Scipion l'africain; Antipater d'Apamée, et Diogène de Babylone, ce philosophe doublé d'un magistrat.

Ce fut Diogène qui initia l'Italie aux doctrines du Portique. Condamnée par les Cycioniens qu'elle avait acceptés pour arbitres à payer une forte amende aux habitants d'Orope, Athènes, espérant la faire réduire, s'était décidée à députer vers le Sénat trois orateurs : Critolaus, Carnéade et Diogène [1].

Ce procès était à peine jugé quand, de-

---

[1] GELLIUS, *Noctes atticæ*.

vant les consuls Galba et Caton, Carnéade osa parler tour à tour pour et contre la justice [1]. Le Sénat, redoutant l'influence funeste de ces doctrines de scepticisme, crut devoir envelopper tous les philosophes dans une proscription générale ; mais l'opinion les couvrit de son égide, et les écoles de Rome ne retentirent plus que de subtilités et de sophismes.

De toutes les sectes philosophiques, le stoïcisme fut celle qui compta à Rome le plus d'adeptes et les adeptes les plus illus-

---

(1) Audiente Galba et Catone censoribus (LAGRANGE, *De justitia*, l. V.)

tres [1]. C'est à elle qu'appartenaient Caton d'Utique, Brutus, Tubéron, Attale, Sextius [2], Cornutus le maître et l'ami de Perse [3], Posidonius enfin qui vit Pompée incliner devant le seuil de sa maison les faisceaux de ses licteurs [4].

L'empire n'arrêta pas les progrès du stoïcisme. Sous le règne de Néron commence la lutte entre les proculéiens, distingués par

---

(1) Plures fuisse qui stoicam sectarentur quam aliam quamcumque, nous dit Cicéron, dans l'opinion duquel les stoïciens etaient les seuls qui peut-être méritassent le nom de philosophes

(2) Magni viri, et, licet negent, stoici. (SÉNÈQUE, *Epist.* 75.)

(3) Pars tua sit, Cornute, dulcis amice. (PERSE)

(4) Fasces lictoris januæ submisit. (PLINE, l VII.)

la sévérité de leurs principes stoïciens, et les sabiniens, qui s'attachaient à maintenir les traditions des anciens jurisconsultes tout en tenant compte des changements que le temps avait introduits dans les rapports sociaux [1].

Avant de se faire proclamer empereur, Vespasien, qui hésitait sur le parti qu'il devait prendre, voulut qu'Euphrate, Dion et Apollonius lui donnassent leur avis. Apollonius fut le seul qui l'engagea à

---

[1] Sabinus, dont ils etaient les disciples, s'etait déjà fait connaître sous Tibère ; on lui avait confie le *Jus respondendi,* qui donnait presque force de loi à ses consultations.

ne point laisser, faute d'un pasteur, périr un troupeau d'hommes [1]. Vespasien ne semble pas avoir gardé rancune à Dion et à Euphrate, dont le sentiment avait été opposé à celui d'Apollonius, et si les stoïciens furent par lui traités en ennemis, c'est que, non contents d'arborer des opinions républicaines, on les vit se couronner de fleurs au jour natal de Brutus et de Cassius [2]. Sénèque nous assure qu'en donnant la mort à César, Brutus n'agit point d'après les prin-

---

(1) Την δε ανθροπων αγελην ουκ αξω φθειρεσται λητει βουκολου δικαιου τε και σοφονος. (PHILOSTRATE )

(2) Quale coronati Thrasea Helvidiusque bibebant Brutorum et Cassi natalibus. (JUVÉNAL )

cipes du stoïcisme, la monarchie étant de tous les gouvernements le meilleur, pourvu que le prince soit homme de bien [1]; mais Sénèque, en parlant ainsi, déguisait, croyons-nous, les opinions des stoïciens. Peut-être sous Trajan ou Marc-Aurèle en vinrent-ils à cette indifférence sur la forme des gouvernements, mais au temps de César ils en étaient bien loin.

Quoi qu'il en soit, l'exil dont ils furent

---

[1] In hac re videtur vehementer errasse nec ex institutione stoïcâ se égisse quum optimus civitatis status sub lege justo sit. *(De beneficiis.)*

Vereor, dit M Bouillet, ne Seneca principali potentiæ mancipatus h l. videatur. Cæsarem primum non carpsit Cæsarum hæredi assentaturus.

frappés sous Vespasien dura peu si nous nous en rapportons au témoignage de Dion Cassius. Sous Domitien, ce *Néron chauve* [1], Rusticus et Sénécion, pour avoir fait l'éloge de Thraséas et d'Helvidius, subirent la peine capitale, et leurs livres furent brûlés dans le forum comme si l'on eût pu, nous dit Tacite, étouffer dans les flammes la liberté du Sénat, la voix du peuple, et la conscience du genre humain [2].

---

(1) Cum jam semianimum laceraret Flavius orbem
  Ultimus, et calvo serviret Roma Neroni
                              (JUVÉNAL.)

(2) Scilicet illo igne vocem populi romani et libertatem senatus et conscientiam generis humani abolere arbitrabantur. (TACITE.)

La proscription atteignit un assez grand nombre de stoïciens et, comme consolation de leur exil, ils purent se dire que le monde, cette vaste cité de Jupiter, est la patrie de tous les hommes [1] : tous du reste ne furent pas forcés de quitter Rome, mais tous durent dépouiller un manteau sous lequel ils cachaient des mœurs dignes assurément d'être flétries [2].

A défaut du présent, l'avenir vers lequel

---

(1) Πολιτης του Διος περιχενης. (STOBÉE.)

(2) Outre le témoignage de Quintillien, nous avons ici celui de Juvenal, qui les accuse de vivre comme des bacchantes, *bacchanalia vivunt.*

se tournaient leurs regards ne trompa point leur espérance. Ils trouvèrent en effet de zélés protecteurs dans Trajan, l'ami de Dion, dans Adrien qui professait une grande estime pour Épictète [1], et enfin dans Marc-Aurèle qui sut unir l'empire et la liberté [2]. Leur secte alors se grossit de cette foule toujours nombreuse qui, pour gagner les bonnes grâces du maître, adopte ou du moins feint d'adopter ses opinions.

Quand la croix triomphante couronna le Capitole, les philosophes ne disparurent

---

(1) SPARTIEN.

(2) Res olim dissociabiles principatum et libertatem. (TACITE, *Vie d'Agricola.*)

point puisque ce fut seulement en l'an 529 que l'empereur Justin ferma les écoles d'Athènes, mais longtemps auparavant Tertullien avait vu en eux les pères des hérétiques [1]. Entre les doctrines des stoïciens et celles des marcionistes plus d'un rapport pourrait être signalé, en effet [2], et ce serait même, à en croire saint Justin [3], grâce à cette conformité entre les principes du

---

(1) Cum philosophiæ patriarchis ut ita dicam philosophorum. (TERTULLIEN.)

(2) Collocans et cum Deo creatore materiam de Porticu stoicorum (TERTULLIEN, *Contra Marcionem*), unde Marcionis Deus a stoicis venerat (ID, *De præscriptionibus*).

(3) V. S. JUSTIN, *Apologie II*, et BOSSUET, *Discours sur l'histoire universelle.*

Portique et les principes des disciples de Marcion que ceux-ci seraient parvenus à se soustraire aux persécutions qui sévissaient contre les disciples du Christ [1].

La réaction païenne que tenta Julien n'avança que bien peu les affaires du stoïcisme; Julien, du reste, qui exaltait Zénon et les Stoïciens [2], n'appartenait point à cette secte, bien que Montesquieu semble insinuer le contraire [3]. Empereur très philo-

---

(1) Eusèbe toutefois nous assure que les marcionites se vantaient de la multitude de leurs martyrs, Πλειστους εχειν Χριστου μαρτυρας λεγουσιν. (*Histoire ecclésiastique.*)

(2) V *Œuvres de Julien,* passim.

(3) La secte stoïcienne faisait de grands empereurs, Julien lui-même . (*Esprit des lois.*)

sophe [1], comme l'appelle Théodoret, et nous ajouterons, esprit très superstitieux, il proscrivait comme aliments les poissons, parce que l'homme n'a pu en former des troupeaux; les racines, parce quelles croissent sous la terre; les oranges, parce qu'elles représentaient à ses yeux le prix des combats mystiques [2], et voyait dans le soleil un médiateur placé entre le monde visible et le monde invisible.

L'élément stoïcien se reconnaît facilement dans les doctrines du judaïsme hellé-

[1] Φιλοσοφοτατος.

[2] Εἰς την μητερα των θεων

nique, et c'est grâce à celui-ci qu'il s'intro-
duisit dans la philosophie néo-platoni-
cienne [1].

Au moyen âge, les écoles tant en Orient
qu'en Occident semblent se partager exclusivement entre Platon et Aristote. Le stoïcisme toutefois ne laisse pas d'être mêlé
à la fameuse querelle des réalistes et des
nominaux. Dans cette dispute scolastique
qui, du XIe siècle au XVe, divisa le monde
savant en Europe, nous voyons les chefs
du nominalisme, sous l'accusation de pro-

[1] Jules SIMON, *Histoire de l'école d'Alexandrie.*

fesser les erreurs stoïciennes, condamnés à un exil sévère et leurs livres enchaînés dans les bibliothèques publiques (1).

---

(1) DE GERANDO, DUCLOS.

Ce n'est pas le seul exemple de livres enchaînés dans les bibliothèques publiques que nous trouvions au moyen âge. J. Swine raconte que l'on enchaîna les livres de R. Bacon aux tablettes de la bibliothèque des cordeliers d'Oxford où ils furent entièrement rongés par les vers (*De rebus albionicis*, t II, p. 130)

## Physique des Stoïciens.

Les stoïciens partageaient la philosophie en trois parties très distinctes : la physique, la logique et la morale. Examinons-la dans cet ordre qu'ils lui donnaient eux-mêmes.

Zénon, ainsi que Parménide, Hipposus et Héraclite, admit le feu comme principe du monde [1].

_____

(1) Jampridem ante Parmenides et Hipposus dixerant principium rerum ignem esse; Heraclites etiam apertius ignem æternum (JUSTE-LIPSE, *manuductio ad philosophiam stoïcam*). Épiménide avait vu le principe des choses dans l'air et la nuit: Onomacrite dans

Le feu, après l'avoir engendré, devait, prétendait-il, l'anéantir un jour dans un cataclysme universel [1].

Héraclite n'avait vu dans la nature que des tensions et des relâchements. Ces ten-

---

l'eau et la terre; Thales, Anaximene, Diogene d'Apollonie, Archelaus, dans l'eau; Empedocle dans l'eau, la terre, le feu, l'ether, la discorde et l'amour, c'est-à-dire l'attraction et la repulsion, πρὸς τετραρσι στοιχοις τυτοις καταριθμεται νεινος και φιλιαν (CLÉMENT D'ALEXANDRIE, Λογος προτεπτικος προς Ηλληνας). Anaximandre dans un certain infini, το απειρον; Xenophane dans la combinaison des quatre elements; Pythagore dans les nombres, par un système semblable à celui de Lao-Tseu suivant lequel Tao a produit un qui a produit deux qui a produit tout ce que nous voyons.

(Voyez sur le système de Lao-Tseu de GUIGNES, *Mémoires de l'académie des inscriptions,* t. LXXI.)

(1) Ils donnaient à ce cataclysme le nom d'Εκπυρωσις. Εκπυρωσιν εγαλεσαν οι στωικοι (CLEMENT D'ALEXANDRIE, *Stromates.*)

sions, ces relâchements ne lui étaient pas moins nécessaires, selon lui, qu'elles ne le sont à un arc ou bien à une lyre [1]. Zénon, à son exemple, admit des dilatations s'étendant du centre de l'univers à ses extrémités et des condensations remontant des extrémités au centre [2].

Sans avoir un mouvement de translation la terre en a-t-elle un de rotation [3]; est-elle, par un mouvement de translation,

---

(1) Ωσπερ λυρης και τοξου

(2) Mundus... cuncta complectens, rector que universi Deus, in exteriora quidem tendit, sed tamen in totum undique in se redit. (SÉNÈQUE, *De vitâ beatâ.*)

(3) C'était là l'opinion de Nicetas

emportée autour du feu central [1], ou bien encore, entourée par un vide infini, repose-t-elle immobile au centre de l'univers [2] ? Entre ces trois systèmes ce fut le dernier qu'adopta Zénon. Peut-être craignait-il de troubler le repos de la déesse Hestia [3] ou bien reculait-il devant l'accusation d'impiété qu'en enseignant le mouvement de la terre il eût attirée infailliblement sur sa tête.

---

(1) Philolaus fut l'auteur de ce système.

(2) Ἔξωθεν δὲ αὐτοῦ περικεχυμένον εἶναι τὸ κερὸν ἄπειρον. (DIOGÈNE LAERCE.)

(3) Hestia ou Vesta était pour les Grecs la fille aînée du temps et de la terre. Quelquefois aussi on la confondait avec la terre et l'on faisait d'elle le symbole de la fixité (MONTFAUCON, *L'antiquité dévoilée*, et DE GUIGNES, *Religions de l'antiquité*.)

Avec Anaximandre, Anaxarque, Parménide, Empéclocle, il crut que la terre emprunte sa lumière au soleil, globe igné qui
décrit une route oblique dans le cercle du
zodiaque [1]. Il remarqua que les éclipses
de lune ne se produisent que lorsque la
lune est dans son plein [2], mais il semble
avoir ignoré que le soleil ne s'éclipse que
lorsque la lune est nouvelle. Avec Anaxa-
gore il expliqua l'arc-en-ciel par la réflexion
ou la réfraction [3] d'un rayon solaire tom-

_____

(1) Τον δε ηλιον )οξεν την πορειαν ποιεθχι δια του ζωδιχου
χυχ)ου. (DIOGENE LAERCE )

(2) Οθεν χαι ταις πανσε)εναις εχ)ειπειν μοναχις. (DIOGENE
LAERCE.)

(3) Le mot αναχ)χσις avait cette double signification.

2

bant sur un nuage humide. Sous quel angle doit tomber le rayon pour que le phénomène se produise? C'est ce dont Zénon ne semble pas s'être préoccupé.

Pythagore avait considéré les comètes comme des astres exécutant dans l'espace des mouvements réguliers [1]. Zénon ne vit en elles que des matières ignées engendrées pàr un air épais [2]. Si sur la terre le froid domine en hiver comme la chaleur en été, il en trouvait l'explication dans l'éloignement du soleil, tantôt plus grand, tantôt

---

(1) RAMBOSSON, *Histoire des astres.*

(2) DIOGÈNE LAERCE.

moindre. Il se trompait sur ce point, puisque le soleil, au lieu de s'éloigner, se rap-
proche de nous en hiver; si d'ailleurs sur
certaines planètes [1], l'influence des saisons
solsticiales se fait à peine sentir, en raison de
l'inclinaison très faible de l'axe de rotation,
nous devons nous, habitants de la terre, tenir
très peu de compte des saisons héliaques.

Cléanthe croyait que tous les astres ont besoin de nourriture [2], que laissant la lune boire

---

(1) Sur la planète de Jupiter par exemple.

(2) Τρεφεσται δε εγπυρα ταυτα και αλλα αστεα. Ne
raillons pas trop Cléanthe de cette idée étrange,
quand nous voyons chez les Grecs poètes et philosophes enseigner que l'âme se nourrit de sang, ψυχην απο
του αιματος τρεφεσθαι. (PLATON, PYTHAGORE, HOMÈRE.)

l'eau des fleuves, le soleil boit l'eau de la mer, et que si ce dernier astre ne s'éloigne pas plus qu'il ne le fait de notre planète, c'est qu'il tient à ne pas mettre une distance trop grande entre lui et la coupe où il se désaltère [1].

Naguère, chez certains peuples, l'on attribuait les phases de la lune aux brèches que l'on y pratiquait pour approvisionner la table des dieux [2]. Pourquoi les étrangetés que nous rencontrons dans les croyances des anciens nous surprendraient-

---

[1] Ne longius discedat a cibo. (CICERON, *De naturâ Deorum.*)

[2] BAILLY, *Histoire de l'astronomie.*

elles davantage? Quand, toutefois, Jean-Paul Richter nous parle d'un fœtus qui dans le sein de sa mère fondait de grandes espérances pour son instruction future sur la philosophie stoïcienne [1], on se dit qu'en venant au monde, il eût éprouvé plus d'un mécompte. Ce qui est vrai, c'est que, comme le *Memnonium* de Thèbes [2], la philosophie des anciens reposa d'abord sur une base d'argile. Le temps, qui est galant homme, devait un jour à l'argile substituer le granit.

(1) Le Museum de Jean-Paul Richter.
(2) CAILLIAUD, *Voyage à Méroë.*

Les stoïciens rattachaient à la physique tout ce qui tient et à l'âme et à Dieu. Cette erreur grossière touchant l'être suprême suffit-elle pour qu'avec Montesquieu [1], Saisset [2] et Ravaisson [3], nous nous croyions en droit de les qualifier d'athées ? Nommerons-nous donc athée le philosophe qui disait :

---

(1) *Défense de l'esprit des lois,* première partie.

(2) *Dictionnaire des sciences philosophiques*

(3) Le Dieu des stoïciens serait tout simplement, à en croire Ravaisson, le génie que chacun de nous porte en soi. Les poètes grecs nous disent à la vérité : Ὁ νοῦς γὰρ ἡμῶν ὁ θεός. Ὁ νοῦς γὰρ εστιν εν εκαστω ο θεος, mais ce génie-là ne saurait être confondu avec le Dieu suprême que reconnaissaient les disciples de Zénon.

« Lorsque nous entrons dans un gymnase ou un prétoire, l'ordre qui y règne nous prouve que quelqu'un y commande et s'y fait obéir. A plus forte raison quand nous voyons des astres innombrables suivre, durant une longue suite de siècles, leur marche régulière, nous sommes forcés d'en conclure que cette harmonie est maintenue par un être intelligent [1].

Le philosophe dont ce sont là les paroles adressait à la divinité ce cantique que l'on ne saurait trop louer.

------

[1] Ab aliquâ mente tanto, naturæ motus gubernari. (CICERON, *De naturâ Deorum.*)

« O toi que l'on adore sous mille noms, je te salue, maître tout-puissant de l'univers que tu gouvernes d'après une loi. T'adresser des prières est le devoir de tout mortel. Ce monde immense qui roule autour de la terre se conforme à ta volonté, et ton empire s'étend sur toutes choses. Accorde-moi, ô père, de comprendre la pensée qui préside à tes œuvres, afin que nous puissions, par nos hommages, te payer de tes bienfaits [1]. »

Ne craignons pas de le dire; Cléanthe

_____

(1) CLÉMENT D'ALEXANDRIE, *Stromates;* STOBÉR, *Eglogæ physicæ.*

n'est point un athée, lui qui, définis-
sant le bien suprême, nous assure qu'il
est juste, saint, et veille sur tous les
hommes [1].

Voici comment les stoïciens prouvaient
l'existence de la Divinité :

« Ce qui raisonne est meilleur que ce qui
ne raisonne pas : or, le monde est meilleur
que l'homme, puisque, si nous interrogeons
la nature, nous y découvrons mille choses
que l'homme, malgré sa puissance, est in-
capable de faire; leur auteur est donc doué
de raison, et que peut-il être, si ce n'est

---

(1) Ει τι αγαθον. (*Stromates*)

Dieu [1]? Supprimez les dieux, l'homme sera ce qu'il y a de meilleur dans la nature; or, pourrait-il, sans une étrange présomption, concevoir une telle pensée [2] ?

Lactance objectait aux stoïciens que l'homme ne doit point son existence au monde [3]; mais peut-être eussent-ils pu lui répondre qu'en donnant au monde le nom de Dieu, ils avaient uniquement en

---

(1) Certè quod illud efficit homine melius; id autem quid potius dixeris quam Deum. (CICÉRON, *De naturâ Deorum.*)

(2) Desipientis arrogantia est. (ID., *ibid.*)
Tennemann est donc fondé à prétendre que les stoïciens donnaient diverses preuves de la Divinité.

(3) Neque mundus generat hominem. (LACTANCE, *De ira Dei.*)

vue l'intelligence qui l'anime, le monde,

dans leur pensée, n'étant nullement Dieu

par sa nature [1]. Voulaient-ils, en effet,

s'exprimer avec précision [2], ils ne man-

quaient pas de séparer l'ouvrier de son

œuvre, l'être éternel des êtres créés et

périssables [3].

Quoi qu'il en soit, à côté de l'élément

---

(1) Ουσιωδως.

(2) Rectè accuratè que. (VOSSIUS, *De cultu gentili.*)

(3) Opificem ab opere et corruptibilem a corruptibili. (ID., *ibid.*)

Lactance, du reste, les accuse avec raison de n'avoir pas su comprendre la majesté de Dieu ; Dei vim majestatem que quoniam intelligere non potuerunt miscuerunt mundo et operi ejus

Un célèbre ministre protestant, Saurin, nous assure que si l'on prend les choses dans un certain sens on peut voir dans l'univers le corps de la Divinité,

passif (1), ils plaçaient le principe actif (2),
esprit intelligent (3), raison séminale du
monde (4), feu artiste (5), formé de la subs-
tance universelle (6), circulant dans la nature
comme le miel dans le rayon (7), renfermant

---

laquelle agit par sa volonté sur toutes les parties du
monde, de même que l'homme remue, comme bon
lui semble, cette partie de matière qu'il appelle son
corps (V. SAURIN, *Discours sur l'immensité de Dieu*).
Avons-nous besoin de dire combien cette analogie
nous semble peu fondée ?

(1) Ουν πασχον ειναι την ποιον ουσιαν υλην. (DIOGÈNE
LAERCE.)

(2) Τουτον γαρ οντα αιδιαν δια πασης αυτης δημουργειν
εκαστα. (DIOGÈNE LAERCE.)

(3) Πνευμα νοερον. (POSIDONIUS.)

(4) Σπερματικον λογον οντα του κοσμου.

(5) Τον δε τεχνικον. (STOBÉE.)

(6) Εκ της πασης ουσιας ιδιως ποιον. (DIOGÈNE LAERCE.)

(7) Deum per materiam decurrere quasi mel per
favos. (TERTULLIEN, *De anima*.)

en soi les causes du passé, du présent et de l'avenir, faisant sortir par une expansion graduelle le multiple de l'unité, ramenant le monde à soi au bout de certaines périodes, consumant les formes particulières dont il est le créateur, se consumant enfin lui-même dans un embrasement universel dont il sort, phénix immortel, pour engendrer à nouveau un univers emporté dans un cercle d'évolutions nouvelles et se continuant sans fin [1].

---

(1) Καὶ παλιν ἐξ εαυτου γιγνω, (DIOGÈNE LAËRCE). Philosophi qui dicuntur stoici Deum ipsum in ignem resolvi dicunt ac mundum per immutationem rursus oriri (S. JUSTIN). Hercule étant mort sur un bûcher, son nom, pour les stoïciens, était un des noms de la Divinité.

Pour Sénèque, peu conséquent avec lui-même, Dieu est tantôt une pure intelligence [1], tantôt à lui seul il est tout, et son œuvre, au dedans comme au dehors, est pleine de lui [2]. Sénèque se demande lequel des deux facteurs du monde, la cause et la matière, est antérieur à l'autre, et il nous déclare que sur cette question l'école du Portique ne s'est point prononcée [3]; il semble du reste que, pris en

(1) In illo nulla pars extrà animum (SENÈQUE.)

(2) Solus est omnia, opus suum et extrà et intrà tenet. (*Questions naturelles.*)

(3) ID., *ibid.*

général, les stoïciens regardaient Dieu et
la matière comme coéternels [1].

Si nous remontons aux premiers temps du
stoïcisme nous voyons Zénon et Cléanthe dif-
férer d'opinion touchant la Divinité, l'un la
plaçant dans l'éther, l'autre dans le soleil;
par ces contradictions ils discréditaient leur
philosophie, aussi saint Justin nous assure-
t-il que, s'étant mis sous la conduite d'un
stoïcien, il ne fit aucun progrès dans la
connaissance du vrai Dieu [2]. Ce dont nous
devons leur savoir gré, c'est de s'être

---

[1] JUSTE-LIPSE, *Manuductio ad philosophiam stoicam.*
[2] *Apologie pour les chrétiens.*

montrés unanimes pour admettre une providence [1], ce qui les fit accuser d'écraser
Dieu sous le gouvernement du monde [2].

Tous les dieux de l'Olympe, Jupiter,
Junon, Vulcain, Cérès, la nature elle-même,
la fortune et le destin étaient pour eux
autant de noms de la Divinité [3] à laquelle,
pour employer une expression de M. Renan,
ils donnaient, comme on le voit, un riche
écrin de synonymes [4]. Entre eux et les

---

[1] Sed ad unitatem providentiæ omnes resolvuntur.
(MINUTIUS FELIX, *Octavius.*)

[2] Omnia ad se pertinere putantem et plenum
negotii Deum. (CICERON, *De natura Deorum.*)

[3] Multitudo nominum non autem numinum.
(JUSTE-LIPSE.)

[4] *Le prêtre de Nemi.*

chrétiens il n'y avait donc aucun dissentiment sur la question du destin [1], puisque chrétiens et stoïciens soumettaient tous les événements du monde non à une fatalité aveugle [2], mais à la volonté de l'Être suprême qui, en obéissant à ses décrets, n'obéit qu'à lui-même.

Pris dans son ensemble, le monde a beau être parfait, disaient-ils pour expliquer le mal physique, ses diverses parties ne sau-

---

(1) Nec multum cum eis de Verbi (*fatum*) controversia versandum est quandoquidem ipsum causarum ordinem summi Dei tribuunt voluntati (S. Augustin, *De civitate Dei.*)

(2) C'est là l'erreur où sont tombés, touchant les stoïciens, Montesquieu et Lanfrey.

raient l'être que relativement, la complication des fins et leur subordination nécessaire amenant forcément des effets qui, nuisibles en apparence, ne pouvaient être évités pour la réalisation du bien [1].

Sans admettre l'immortalité de l'âme, ils enseignaient qu'elle survit au corps [2].

Chez eux, d'aucuns voulaient qu'au mo-

---

(1) « Les stoïciens avaient bien vu la cause des dé-« sordres qui ne sont que consécutifs : Chrysippe « en donnait un exemple dans la conformation de ⨏ la tête. » (Paul JANET, *Des causes finales.*)

(2) Την δε ψυχην μετα θαυατου επιμενειν, φθαρθην δε ειναι (DIOGÈNE LAËRCE). Diu mansuras dicunt animas, semper negant (CICÉRON). Ου μεν αφθαρθην δι αλλου ελεγην αυτην ειναι (S. ÉPIPHANE). Voir aussi dans SÉNÈQUE la *Consolation a Marcia*

ment où se rompent les nœuds qui unissent l'âme au corps, elle se confondît avec les éléments [1]; selon une autre opinion qui, dans leur école, avait aussi ses défenseurs, les âmes criminelles étaient précipitées dans des gouffres fangeux [2]; les environs de la lune devenaient la demeure des âmes ver-

[1] Marc-Aurèle semble étendre cette destruction immédiate à toutes les âmes sans exception : « Tu t'absorberas, dit-il, dans l'être qui t'a produit. » Certains protestants de nos jours, parmi lesquels nous nous bornerons à citer E White en Angleterre, le docteur Tait en Écosse, Huntington en Amérique, Richard Rothe en Allemagne, ont soutenu que les âmes criminelles, tout en survivant quelque temps à leur separation d'avec le corps, ne tardent pas toutefois à être anéanties.

[2] In cœni voraginibus horrendis (TERTULLIEN, *De anima* )

tueuses [1] ; celles enfin qui s'étaient par-
tagées entre le vice et la vertu, se voyaient
retenues près de la terre où les âmes des
bons devaient les initier à la connaissance
du bien, ce qui, en raison de la distance
qui les séparait les unes des autres, ne
laissait pas d'être assez difficile [2].

---

(1) Tertullien les nomme les endymions de la lune,
*cum endymionibus stoicorum.* (TERTULLIEN, *De anima.*)

(2) Il n'est pas sans intérêt de constater la simili-
tude qui existe entre les opinions des stoïciens et
celles de nos spirites sur la destinée de l'homme
apres la mort.

« Les âmes, disait la voyante de Prevorst, habitent
des régions plus ou moins elevées, selon qu'elles
ont plus ou moins bien vécu. Leurs fautes font leur
pesanteur morale ; elle les retient près de la terre
comme la pesanteur naturelle y retient les corps. »

(*Les manifestations des esprits,* par AUGUER.)

Les croyances des stoïciens touchant la vie future étaient, on le voit, peu arrêtées...

Lié avec l'un des plus illustres philosophes de cette secte, Adrien peut nous donner une idée de leurs incertitudes sur ce point par les adieux qu'il adressait à son âme [1].

> Hôtesse et compagne charmante,
> Quand bientôt tu me quitteras,
> Pauvre âme, dans l'espace errante
> Je ne sais où tu t'en iras ;
> Je te vois nue et grelottante ;
> Hélas ! quand tu seras absente
> Les amours ne te suivront pas.

---

[1] Animula vagula, blandula,
Comes hospes que corporis
Quæ nunc abibis in loca?
Pallidula, frigida, nudula,
Nec, ut soles, dabis jocos.

Quelles que fussent les lacunes et les erreurs de la physique de Zénon, ses adeptes lui décernaient le nom de Vertu [1], non moins qu'à la dialectique, celle-ci nous prémunissant contre les sophismes, celle-là nous apprenant à régler notre vie d'après les lois de la nature.

_____

(1) Virtutum nomine appellant (CICÉRON, *De finibus bonorum et malorum.*)

# Logique des Stoïciens.

Si la logique des stoïciens était moins compliquée dans ses formules que celle d'Aristote [1], avait-elle plus d'étendue [2] ? Nous voulons bien l'admettre ; mais à quoi servait une étendue où l'on ne savait loger que de vaines subtilités ? Quel nom donner

---

(1) Zénon ramena le syllogisme à deux modes, le simple et le composé. Chrysippe réduisit à quatre les categories et les catégorêmes (DE GÉRANDO, *Histoire des sectes philosophiques* )

(2) C'est là ce que soutiennent Hippeau et Tennemann.

à ces distinctions où se complaisait Chrysippe entre les raisonnements disjoints et les raisonnements hypothétiques, entre les attributs exprimés d'une manière directe, et les attributs qui, renversés ou non renversés, sont toujours exprimés d'une manière renversée [1].

Une telle dialectique n'est-elle pas un labyrinthe inextricable [2].

Zénon, entendant parler d'un syllogisme qui renfermait sept idées didactiques, ne crut pas le payer trop cher en en donnant

_____

[1] Diogène Laerce.

[2] V. Le Clerc, art. Zénon, dans la *Biographie universelle.*

cent drachmes. Cet amour des subtilités passa du maître aux disciples. Au temps de Sénèque, ne démontrait-on pas que le mot *mus* étant formé d'une syllabe, c'est une syllabe qui mange le fromage. Faut-il, disait Sénèque, que pour de telles sottises nous froncions nos sourcils et laissions croître notre barbe [1] ?

Alexandre, assure-t-on, donna un boisseau de pois chiches à cet homme qui, avec une adresse merveilleuse, faisait passer des pois chiches par le trou d'une aiguille [2].

---

(1) In hoc supercilia subduximus.

(2) Alexander leguminis modio donasse dicitur. (QUINTILLIEN, *Institutiones oratoriæ.*)

2*

Entre jongler avec des pois et jongler avec des mots je vois peu de différence, et le prince qui de son glaive trancha le nœud gordien eût, croyons-nous, souri de pitié devant certains sophismes qu'il suffit de trancher avec le glaive du bon sens. Pris comme divertissements de l'esprit, ils ressemblent assez à ces jeux des singes qui font des nœuds sur leur chaîne et s'amusent à les défaire [1]. S'il faut quelquefois, ainsi

---

(1) As reverend ape with no small cave and pains
Unties those knots he made in his own chains.

Un vieil écrivain français a comparé ces disputes appuyées d'arguments sophistiques à des bourdonnements d'abeilles *volayant au soleil environ un rayon de moût.*

que Joubert le prétend, passer par le subtil pour s'élever jusqu'au sublime, comme l'on traverse les nuages pour monter dans les hautes régions du ciel [1], quelle excuse peuvent faire valoir ceux qui se jettent dans les brouillards, y restent et s'y complaisent.

Gallien nous assure que sans la logique il serait tombé dans le scepticisme [2]. Leibnitz, de son côté, avoue formellement qu'elle lui fut très profitable [3] ; et nous

[1] JOUBERT, *Maximes.*
[2] GALLIEN, *De libris propriis*
[3] LEIBNITZ, *Lettre à Wagner.*

n'avons certes aucune peine à les en croire
sur parole.

Ariston, il est vrai, voulait bannir la logique de la philosophie, et d'Alembert la
regardait comme utile à ceux-là seulement
qui pouvaient s'en passer. Une telle répro-
bation nous semble beaucoup trop absolue,
et quant à nous, nous bornons nos dédains
à cette sophistique ouvrière de controverses
vaines qui semble n'avoir d'autre but que
de donner du poids à la fumée [1].

Il est en philosophie une question qui
domine toutes les autres, c'est celle de la

_____

(1) Dare pondus idonea fumo. (PERSE.)

certitude. Peut-être oui, peut-être non [1], disaient Pyrrhon et les nouveaux académiciens. Toute raison est détruite par une raison contraire, l'assentiment donné par nous à une chose quelconque [2] pouvant fort bien reposer sur une conception fausse que s'en forme notre esprit.

La nature, leur répondaient les stoïciens, nous fournit les idées d'où naissent les connaissances, patrimoine commun de l'humanité; puis naissent les notions résultant d'un premier examen; à celles-ci succèdent

_____

(1) Ταχα και ου ταχα,

(2) Παντι λογω λογον ισον αντικεισθαι. (SEXTUS EMPIRICUS)

les idées qui, vérifiées sur leur objet, mettent le sage en possession de la science.

Si les habitants de Délos présumaient trop de la finesse de leurs sens quand, au seul aspect d'un œuf, ils se flattaient de reconnaître la poule dont il provenait [1], fallait-il en conclure que rien au monde n'est certain; soutenir que, venant de me promener dans un jardin, je ne sois pas sûr de m'y être promené [2], le doute en

--------

(1) Deli fuisse complures. (*Acad. quœstiones.*)

(2) Parce qu'il faut douter de certaines choses, disait Leibnitz, est-ce une raison pour qu'il faille douter de tout (*Lettre à Bossuet*). Dans le *Don Silvio* de WIELAND, Pedrillo dit à son maître : Quand j'ai un oignon devant moi, tous les bacheliers et les licenciés de

certains cas n'étant rien moins qu'une révolte contre le sens commun, un divorce
avec la raison, un aveuglement volontaire.

Au doute absolu, Carnéade substitua la
crédibilité, et ses disciples révendiquèrent
le droit d'approuver ce qui leur semblait
juste, bien que rien ne fût à leurs yeux
absolument certain [1] ; mais les stoïciens
leur répondirent que le doute obscurcit la
conscience, cette lumière de la vie [2], et

---

Salamanque auraient beau me prouver que c'est un
gigot de mouton, je persisterais à croire qu'un
oignon est un oignon.

[1] Quid est igitur quod me impediat ea quæ mihi
probabilia sequi ? (CICERON, *De officiis.*)

[2] Ratio omnis tollitur quasi quædam lux lumen
que vitæ. (*Acad. questiones.*)

que si le devoir ne se présente pas à nous avec tous les caractères de la certitude, bien peu nombreux seront ceux qui voudront s'y sacrifier [1].

En raisonnant ainsi, les stoïciens étaient dans le vrai, mais alors pourquoi Chrysippe, au risque d'ébranler les fondements mêmes de la certitude, osait-il soutenir qu'une conclusion tirée des principes a beau être vraie, la conclusion contraire peut l'être également ? C'était faire ce qu'un jour fera Hégel, qui proclamera

---

(1) Cur has tibi tam graves leges imponeret quum quamobrem ita oporteret nihil haberet comprehensi, percepti, cogniti, constituti. (*Acad. questiones.*

l'identité de / l'identique et du non identique [1] ; c'était renouveler l'œuvre de Pé-
nélope [2], imiter le polype qui, au dire
des anciens, dévorait ses bras durant
l'hiver [3].

---

(1) Identitad des identischen and nichtidentischen.

(2) Quasi Penelope telam retexens tollit ad ex-
tremum superiora. (CICERON.)

(3) V. PLUTARQUE.

## Morale des Stoïciens.

Xénocrate et Polémon avaient enseigné que dans toutes nos actions l'homme doit se conformer à la nature [1] ; cette maxime fut aussi celle des stoïciens [2] ; or, vivre conformément à la nature, c'était, dans leur pensée, si nous en croyons Cicéron,

---

(1) PLUTARQUE.

(2) Ολογομενως τη φυσι ζην. (CLEANTHE, *Hymnes.*) Quod inter omnes stoicos convenit rerum naturæ assentior; ab illa non deerrare et ad illius legem exemplum que formari sapientia est. (SENEQUE, *De vita beatâ.*)

s'attacher à la vertu [1], accomplir tout ce qu'elle exige de nous [2], remplir scrupuleusement nos devoirs [3], nous efforcer d'imiter Dieu [4], vaincre la nature mauvaise qui nous conseille le mal [5], nous considérer enfin comme les citoyens d'une patrie à laquelle il est juste de tout rap-

---

[1] Consentile naturæ quod esse volunt è virtute id est honestè vivere. (CICERON, *De finibus bonorum et malorum.*)

[2] CLÉANTHE.

[3] Archedemus omologiam explicabat omnia officia perficientem vivere.

[4] Εντευθεν οι μεν στωικοι το τελος της φιλοσοφιας το ανελουθελως τη φυσι ζην, ειρηκασι ομοιωσιν θεωι (CLEMENT D'ALEXANDRIE, *Stromates.*)

[5] POSIDONIUS.

porter [1], puisque vivre pour soi seul ce n'est pas vivre d'une vie véritable [2], que ce qui n'est pas utile à l'essaim ne saurait l'être à l'abeille, et que tout péricliterait si les mains cherchaient à nuire aux pieds, les yeux à nuire aux mains [3].

De ce que les choses honnêtes peuvent nous répugner de prime abord [4], ce serait un tort d'en conclure qu'elles ne sont pas

---

(1) Non sibi sed toti genitos se credere mundo. Cum natura rerum in consortium omnis ævi incedere. (SÉNÈQUE.)

(2) Τουτο εστι το ζην ουκ εαυτω ζην. (MÉNANDRE.)

(3) MARC-AURÈLE, *Maximes.*

(4) Non inest in primis naturæ conciliationibus honestè vivere. (*De finibus bonorum et malorum.*)

3

conformes à la nature, le charme de la vertu finissant toujours par se faire sentir à notre cœur.

La loi naturelle s'identifiant avec la loi divine [1], nous devons nous gouverner en la façon dont Dieu gouverne le monde, ne donner le nom de bien et de mal qu'à ce qui est en notre puissance, et dans le conflit éternel entre l'utile et le juste, nous attacher fermement à ce dernier.

Quand Xercès perça le mont Athos et qu'on le vit réunir l'Asie à l'Europe, si

---

[1] Naturalem legem divinam esse censent. (CICÉRON.)

questionné sur le but qu'il s'était proposé en exécutant de tels travaux, il eût répondu qu'il avait voulu demander un peu de son miel à l'Hymette [1], ne se serait-on pas moqué de son extravagance? Un court et misérable plaisir ne saurait donc être le but de l'homme, mais de ce que la volupté, plaidant elle-même sa cause, eût rougi de préférer les plaisirs des sens à la dignité de l'âme, s'ensuivait-il, comme le voulaient les stoïciens, que rien ne pût ajouter au bonheur que nous procure la vertu? Certes,

[1] Mel se auferre ex Hymetto diceret. (*De finibus bonorum et malorum.*)

dans un cachot, l'âme du sage échappe
aux fers ; enfermé dans le taureau de Pha-
laris, il pourra demeurer calme, mais aller
jusqu'à dire que sur le bûcher de Cresus
rien n'eût manqué à son bonheur et que
sentant son corps se fondre et se dissoudre,
il eût aimé la flamme à travers laquelle
aurait éclaté sa fermeté, c'est, croyons-
nous, tomber dans l'exagération. Or, l'exagération a beau être le mensonge des
honnêtes gens [1], la vérité nous semble
préférable. Dans une fiction ingénieuse de
Crantor, la vertu, la santé, la réputation,

---

[1] DE MAISTRE, *Soirées de Saint-Pétersbourg.*

la richesse se rendaient à Olympie où les Dieux étaient réunis pour assister aux jeux publics. Elles demandèrent, nous dit Crantor, qu'on leur assignât un rang suivant le degré de bonheur qu'elles procurent aux hommes, et si la première place fut accordée à la vertu, un rang inférieur ne fut pas refusé à ses rivales [1].

Voici un flacon, disait un péripatéticien à un sectateur du Portique, si je retire la huitième partie du vin qu'il contient, pourrai-je dire encore que c'est un flacon de

_____

[1] Sénèque eût dit de celles-ci : Cœtera vilis turba rerum nec detrahens quidquam vitæ beatæ nec adjiciens. (*De vitâ beatâ*)

vin [1] ? C'est ainsi qu'avec la vertu seule le bonheur n'est pas complet. Sans doute, les stoïciens n'allaient pas jusqu'à nier la douleur ainsi qu'on l'a prétendu [2] ; nous ne saurions en effet faire accroire à notre peau qu'elle se sent chatouillée par des coups d'étrivières [3] ; ils se bornaient à soutenir qu'elle n'est point un mal, bien qu'ils demandassent contre elle par une étrange contradiction un asile à la mort [4]. Ils

---

(1) GELLIUS, *Noctes atticæ.*

(2) Tant que je ne serai pas parvenu à dire avec ce fanfaron de Posidonius que la douleur n'existe pas. (NODIER, *Miscellanées.*)

(3) MONTAIGNE, *Essais.*

(4) Quæ mala philosophi stoici minor quâ fronte mala non esse contendant, quum fateantur si tanta-

avaient beau du reste se roidir contre leur sentiment intérieur[1], l'excès de la souffrance força plusieurs d'entre eux à abjurer leur erreur et à confesser ce qu'ils avaient nié par orgueil[2]. Job, jetant au ciel sa plainte amère et déchirant sa chair avec ses dents[3], voilà l'homme qui ne ment ni

---

fuerint et sapiens vel non possit vel non debeat sustinere, cogi eum mortem sibi inferre. (S. AUGUSTIN, *De civitate Dei.*)

(1) ROLLIN, *Histoire ancienne.*

(2) C'est ce que fit Denis d'Héraclée, dont Aulu-gelle nous a conservé cette parole remarquable : « Plurimos annos in philosophia consumpsi, nec ferre possum; malum est igitur dolor. » (GELLIUS, *Noctes atticæ.*)

(3) Lacero carnem dentibus meis.

à autrui ni à lui-même. Voltaire nous dit : Le
sage enrage dans les fers, et si le sage
n'en convient pas, c'est un charlatan. Pour
nous, nous dirons avec plus de vérité :
Le sage dans les fers se résigne à la volonté de Dieu, mais entre la résignation et
le bonheur, n'y a-t-il pas un abîme. Cicéron ne pouvait comprendre que tout en
reconnaissant la douleur pour une chose
triste et fâcheuse, les stoiciens se refu-
sassent à convenir qu'elle est un mal. Dire
que les avantages matériels ne sont pas
désirables par eux-mêmes, mais tout simplement préférables, c'était se jeter dans
des distinctions et des arguties misé-

rables (1). Le sens commun ne nous crie-t-il pas en effet que si une chose est triste et fâcheuse, elle est par cela même un mal.

Parmi les moralistes du Portique, il en est trois : Sénèque, Épictète, Marc-Aurèle, dont les noms tout d'abord se présentent à la pensée.

Sénèque veut que nous acceptions sans nous plaindre tout ce qui nous vient de Dieu. Quelles que soient les luttes où nous soyons engagés, il dépend de nous de les faire tourner à notre profit. Celui qui n'a

_____

(1) Contortulis quibusdam ac minutis conclusiunculis. (*Questions naturelles.*)

point combattu dans l'arène ne saurait en effet être proclamé victorieux. En accordant à des hommes indignes les biens que nous convoitons, Dieu ne semble-t-il pas nous dire : « Vois ces infortunés! Dupes d'un songe trompeur, ils brillent par le dehors; au dedans d'eux, il n'y a rien; ta richesse a toi est de n'avoir aucun besoin des richesses. »

Platon avait soutenu que pour être vertueux le secours divin est nécessaire à l'homme [1]; à en croire Cicéron, tout au contraire, nul n'a jamais pensé qu'il rece-

_____

(1) Θεια μοιρα ημιν φαινεται πχραγιγνομενα αρετη τοις παραγιγνεται. (PLATON, *Ménon.*)

vait de Dieu la vertu comme un don. Sénèque, peu d'accord ici avec lui-même, nous dit tantôt que nous ne devons point lever nos mains vers le ciel et lui demander une conscience droite [1], tantôt que sans Dieu nous ne saurions être bons [2]. Ce qui manque à la morale de Sénèque, c'est une sanction ; si quelquefois, comme nous l'avons vu, il semble croire à la survivance de l'âme [3], quelquefois aussi la mort n'est pour lui ni un bien ni un mal

[1] Bonam mentem stultum est optare quum possis a te impetrare. (*Epist. 42*)

[2] Sine Deo nemo bonus est

[3] *Consolation à Marcia.*

puisqu'elle nous replonge dans la paix où nous reposions avant de naître [1]. Quelque regrettables que soient de telles contradictions, il y a dans Sénèque une *chrême d'éloquence* qui nous charme comme elle charmait Montaigne [2]; nous oublions en le lisant qu'il ne rougit pas de se dire l'ami de Néron, même après son parricide [3].

Érasme nous assure que Cicéron le rendait plus vertueux par la sainteté de son éloquence [4]. Épictète, dans son manuel

---

(1) *Lettre à Marullus.* Nulla cum res lædit quia nullus est.

(2) MONTAIGNE, *Essais.*

(3) Nos veteres amici. (TACITE, *Annales.*)

(4) *Erasmi opera.*

qui quelquefois s'élève, jusqu'au sublime, n'a pas mis moins de sainteté que Cicéron dans ses livres de morale. Il sait que sans l'aide de Dieu nous sommes impuissants pour le bien. Si nul laboureur, dit-il, n'ensemence ses champs avant d'avoir imploré Cérès; si nul matelot ne quitte le port sans sacrifier aux dieux, l'homme doit aussi demander leur assistance quand il cherche à régler sa vie, et se tourner vers eux comme le nautonnier se tourne dans la tempête vers Castor et Pollux. Que sans cesse il se demande : qu'est-ce que Dieu me commande? et que me défend-il? Renouvelons en nous la considération de Dieu plus fréquemment que nous ne renouvelons notre nourriture de chaque jour; quelque chose que nous fassions, songeons que Dieu nous voit; pensons à lui plus souvent que nous ne respirons.

Si nous nous persuadions que Dieu gouverne toutes choses avec justice et sagesse, nous aurions trouvé cette baguette de Mercure qui changeait en or tous les objets qu'elle touchait. Tu n'as, je le suppose, ni femme, ni frères, ni enfants, ni amis, pas même un lit, pas même une tunique. La terre, le ciel, un manteau, voilà toute ta richesse ! Mais quoi ! n'as-tu pas un père immortel qui ne manquera pas d'avoir soin·

de toi! prétures, gouvernements, consulats, qu'est-ce que cela? Des noisettes que l'on jette aux enfants et dont avec un risible acharnement ils se disputent la possession : tombent-elles sur ta robe, recueille-les, mais ne te baisse pas pour les ramasser à terre.

Est-il au monde, nous demande Épictète, un plus beau spectacle que celui d'un homme qui, n'ayant ni jalousie ni colère, entretient un commerce secret avec les immortels? Si donc nous possédions un jugement droit, entonnant notre cantique le plus solennel, nous aurions à cœur de ré-péter sans cesse : Dieu est grand; infirme et chargé d'années, que puis-je faire de mieux que de louer Dieu. Cygne et rossignol, je ferais ce que font le rossignol et le cygne [1] : possédant la raison, je dois et je veux louer Dieu.

Parmi les mortels il en est beaucoup qui semblent frappés d'aveuglement ; qu'un seul du moins, sans se laisser émouvoir par cette communauté de misère et de mort qu'il partage avec les animaux, n'oublie

---

[1] Alain Chartier, que Pasquier (*Recherches de la France*) compare *à l'ancien Sénèque romain,* nous dit de même : « Vois l'honneur que les creatures portent au Souverain Seigneur *par le* chant des oiseaux qui jettent leurs voix vers les cieux (V sur Alain Chartier, DELAUNAI )

pas sa parenté bienheureuse avec la Divinité. Quand je quitterai la vie, puissé-je dire aux dieux : j'ai été pauvre parce que vous l'avez voulu ; jamais vous ne m'avez vu dans les murmures ; dès que j'entendrai votre appel, je vous dirai soudain : reprenez ce que vous m'avez prêté, je vous dois d'avoir admiré, pendant quelques jours, ce beau spectacle du monde ; je vous rends grâces de ce bienfait, et je ne vous demande qu'une chose, c'est de me placer où votre providence le jugera bon [1].

---

[1] V. ÉPICTÈTE, *Maximes* ; ARRIEN, *Dissertations,* passim

Voilà, certes, des conseils admirables, et l'on peut, empruntant une parole à saint Éphrem, dire de celui qui les a tirés d'un cœur naturellement chrétien, qu'il chantait devant Dieu comme la harpe harmonieuse de la paix.

Marc-Aurèle veut que nous façonnions notre âme à l'image des dieux, vivant sans colère au milieu des hommes injustes, et ne nous vengeant d'eux qu'en nous appliquant à ne point les imiter. Ne laissons point passer un seul jour, nous dit-il, sans nous demander comment nous nous sommes conduits envers les dieux, envers nos amis, nos proches, nos serviteurs, et creusons jusqu'au fond de nous-mêmes pour y trouver la source du bien. Abstenons-nous de juger autrui et ne désirons rien qu'il nous faille cacher sous des voiles honteux. Hâtons-nous vers la vertu, et puisque la mort peut venir avant que nous ayons atteint la perfection, ce noble but auquel nous devons tendre, faisons en sorte qu'elle ne nous surprenne pas; multiplions nos bonnes œuvres comme la vigne qui, sans se glorifier de sa fécondité, nous donne ses fruits tous les ans, et quand nous aurons accepté avec joie tout ce que les heures nous auront apporté, au moment de quitter la vie, nous tournerons un regard calme

vers la cité bienheureuse du tout-puissant
Jupiter [1].

Cette morale est belle, mais toute morale
disparaît si nous ne lui donnons pour fon-
dement le libre arbitre.

Or, chez les stoïciens, notre volonté

Dans le palais de l'âme, est-elle esclave ou libre?

Ils ne semblent pas, il faut bien le
dire, avoir cru à sa liberté absolue puisqu'ils comparaient l'homme à un cylin-
dre qui, placé sur une pente, reçoit d'elle
son impulsion première, puis se précipite

---

[1] MARC-AURÈLE, *Maximes*

en vertu de sa forme [1]; que la nécessité
en effet soit en nous ou bien en dehors de
nous, si contre elle il n'y a point de re-
mède [2], la vertu n'est plus qu'un nom.
Parmi les défenseurs de la liberté nous
pouvons compter pourtant plus d'un stoïcien. Il n'est pas chez l'homme, nous assure Épictète, une seule action qui ne soit
libre [3]; si tu as commencé à dompter tes
passions, tu le dois à toi-même et tu le
dois aux dieux.

---

(1) STANLEY.

(2) Ουδε τι φαρμακον.(EURIPIDE.) Ουδε τι φαρμακα παντα.
(BION.)

(3) GROTIUS, *Veterum philosophorum de fato sententiæ.*

Marc-Aurèle, lui aussi. croit à la liberté :
Ta main droite est-elle coupée, nous dit-il,
elle ne rejoindra pas ton corps ; mais si tu
t'es séparé de la vertu, il te reste toujours
le pouvoir d'y retourner. Combien un tel
langage l'emporte sur celui du philosophe
moderne qui a mis dans la bouche de Dieu
ces paroles désolantes :

Si je t'ai créé trop faible pour sortir de
l'abîme, c'est que je t'ai donné assez de
force pour n'y point tomber [1].

---

[1] J.-J. Rousseau. Nous n'avons point mentionné
sur cette question l'opinion de Bardesane, c'est lui
qui a dit : Deus cum sit bonus, permittit cuique
suam libertatem : mais Bardesane avait abandonné,
pour se faire chrétien, l'école stoïcienne.

Dans la morale des derniers stoïciens, on ne peut guère se refuser à voir l'influence du christianisme. Les stoïciens, on le sait, furent toujours imitateurs.

Polémon avait reproché à Zénon de lui voler ses idées [1]; Cicéron remarque que ce dernier inventa plutôt des mots nouveaux que des doctrines nouvelles [2], et Brucker, après · avoir énuméré les emprunts faits à Pythagore, à Xénocrate, aux cyniques, à Aristote, pour la fondation de

---

(1) Tu te glisses dans nos écoles pour nous prendre nos idées

(2) Non tam rerum inventorem quam novorum verborum.

la *Stoà*, nous assure qu'il laboura souvent ses champs avec les bœufs d'autrui [1].

—En lisant Épictète et Marc-Aurèle, vous croyez souvent tenir entre vos mains le livre d'un chrétien. Épictète, parlant des Juifs, lesquels, de son temps, étaient quelquefois confondus avec les disciples du Christ, a écrit ces paroles remarquables : Nous sommes Juifs de nom, mais de fait tout autre chose, étrangers à la raison [2].

Qu'on ne nous oppose pas ici les maximes

---

(1) Bobus alienis agros suos exarasse.(J. BRUCKER, *Historia critica philosophiæ.*)

(2) Λογω μει Ιουδαοι εργω δε ασυμμαθεις προς τον λογον. (*Dissertation 11.*)

de Sextius. Antérieur au christianisme, ce livre est, en effet, tout imprégné de son esprit, mais ne sait-on pas que s'il en est ainsi, nous devons l'attribuer à Rufin, qui le refondit, comme chacun sait, pour en faire honneur à un pape.

Avant d'admettre qu'un ouvrage où l'on nous parle de la foi [1], de la grâce de Dieu [2], des riches auxquels il est difficile de se sauver [3], soit l'œuvre d'un philosophe

---

[1] Fides.

[2] Gratia Dei.

[3] Nous ne parlerons pas du précepte d'honorer comme un Dieu le verbe véritable, *Verbum verum ut Deum honora*, parce que dans le système d'Héraclite nous trouvons une mention du θεῖος λόγος.

3*

antérieur au christianisme, nous croirons
qu'un bloc de marbre, enfoui au sein de
masses granitiques, peut être en bonne
géologie considéré comme leur contempo-
rain.

Si pour le fond des doctrines les derniers
moralistes de la *Stoa* doivent beaucoup au
christianisme, plus d'un écrivain chrétien
donna à sa parole un accent tout stoïque.

Est-ce un père de l'Église ou un disciple
de Zénon qui a dit éloquemment :

« Celui-là possède tout qui a la vertu en
partage : la paralysie envahit-elle ses
membres, il se soulève par l'effort de son
âme, et, comme le cythariste, lorsque se

brisent les cordes de son luth, s'enchante encore par la mélodie de sa voix, il trouve le bonheur dans la paix de sa conscience [1]. »

(1) S. AMBROISE, *De Jacob et Vita beata*

## Influence du Stoïcisme sur la législation.

Bien que le sage, d'après les maximes du stoïcisme, ne doive point se renfermer dans le soin de ses affaires privées [1], Zénon [2] et Cléanthe refusèrent le droit de cité que leur proposait Athènes ; peut-être estimaient-ils, comme Chrysippe, que

---

(1) Nunquam privatum esse sapientem. (CICÉRON, *Tusculanes*.)

(2) Zénon lui-même avait posé en principe qu'à moins d'empêchements sérieux, le sage doit s'occuper des intérêts publics. (SÉNÈQUE, *De otio sapientis* )

plaire aux dieux et plaire en même temps au peuple est chose malaisée [1], ou, comme Sénèque le dira plus tard, qu'on se fait rarement aimer de lui si l'on aime la vertu [2].

Quoi qu'il en soit, le stoïcisme, quand il passa du monde grec dans le monde latin, se fit en grande partie politique, et l'influence qu'il exerça sur la législation ne saurait être contestée.

Depuis Labéon jusqu'à Caïus et à Ulpien,

---

(1) Εἰ μὲν πονηρὰ πολιτευέτω τοῖς θεοῖς ἀρέσει, εἰ δὲ χρηστὰ πολίταις.

(2) Quis enim placere potest populo cui placet virtus. (SÉNÈQUE, *Epist.* 29.)

c'est sur cette doctrine que s'appuyèrent les lois qui tendaient à atténuer le droit civil [1]. Grâce au stoïcisme, la distinction entre le droit romain et le droit provincial alla s'effaçant peu à peu, et l'on vit les droits naturels et personnels contre-balancer les droits de la société [2]. L'édit que tous les ans [3] publiait le préteur n'avait

(1) L'influence du stoïcisme sur la science du droit fut immense. (GIRAUD, *Introduction historique aux éléments du droit romain d'Heineccius* )

(2) Civilis ratio naturalia jura corrumpere non potest. (*Digeste* IV.)

(3) L'édit du preteur, affiché sur une table de bois blanchi, est souvent pour ce motif appelé *album;* on le nommait encore *lex annua,* pour marquer son caractère annuel. (V. les *Institutions de l'ancienne Rome,* par ROBIOU et DELAUNAI.)

guère d'autre but que de restreindre le droit antique, et, quand ce magistrat descendait de son siège, vous eussiez dit qu'il transmettait à celui qui prenait sa place sa pensée humanitaire.

A Rome, les droits du maître sur son esclave furent longtemps illimités. L'on disait de l'esclave Romain : Nunquam illis otium : panis et baculus diarium eorum [1]. Le grave Caton vendait sans nul scrupule ses esclaves *recrus de vieillesse* [2], et Pollion, impunément, jetait les siens aux murènes. L'on

---

[1] *Athenée*, l. VI.
[2] BODIN, *De la République.*

sait avec quelle cruauté le Lorarius s'ac-
quittait de ses terribles fonctions, et n'est-ce
pas un roi juif qui disait : Nous autres,
Hébreux, nous fustigeons nos esclaves
avec des verges, mais vous autres,
Romains, vos fouéts sont des scorpions [1].

Peu à peu cependant le sort des esclaves
devint, à Rome, plus tolérable. Dès le
règne de Néron, il est interdit de les livrer
aux jeux sanglants du cirque; sous Adrien,
le droit de vie et de mort sur eux est re-

---

(1) Pour se montrer doux envers leurs esclaves, les
Juifs n'avaient qu'à se rappeler la parole de Job :
Celui qui m'a créé dans le sein de ma mère n'a-t-il
pas de même créé mon serviteur? N'est-ce pas le
même Dieu qui nous a formés tous deux ?

tiré au maître. Antonin édicte des pein

contre celui qui donnerait la mort, soit

l'esclave d'autrui, soit à son propre esclav

L'esclave est-il en bonne santé, son maît

ne peut lui refuser une nourriture conv

nable, des soins s'il tombe malade. No

seulement il lui est loisible de se rachete

mais la loi l'autorise à devenir propriétair

Son maître meurt-il victime d'un meurtre,

ne sera plus mis à la question si, pour avo

eu connaissance du crime, il se trouvait tr

loin du lieu où il a été commis. L'enfa

qui naît d'une femme affranchie est libre

il l'est encore si, conçu pendant que s

mère était libre, elle est devenue c

clave au moment où il vient au monde [1].

Pour ne pas voir dans ces changements l'influence du stoïcisme, il faudrait oublier que les Proculéiens et les Pauliciens, ces jurisconsultes que l'on pourrait eux aussi nommer les lys des lois [2], appartenaient à l'école du Portique [3], et qu'Adrien eut dans son conseil particulier deux Proculéiens, Celsus et Neratius.

La philosophie stoïcienne avait préparé

(1) Les colons, de même que l'esclave, voient améliorer leur condition. Lorsqu'un domaine est vendu, il est defendu de les en distraire

(2) *Lilia legum*, tel est le nom que l'on donna aux jurisconsultes de la diète de Roncaglia.

(3) LAFERRIÈRE, *Histoire du droit civil à Rome.*

ce résultat; pour elle, le maître et l'esclave sont tous deux fils de Jupiter. « Que signifient, nous dit Sénèque, les noms de maître et d'esclave; s'il est des degrés obscurs dans notre généalogie, pour y trouver la plus illustre noblesse, il nous suffit de remonter au sommet. Dion n'allait-il pas jusqu'à soutenir que les lois sur l'esclavage n'étant fondées que sur la force, l'esclave peut légitimement reprendre une liberté que l'injustice lui a enlevée.

Quand, pour rendre les lois plus équitables, Justinien n'hésitait pas à en altérer le texte, avant tout il obéissait à une pensée chrétienne; remarquons cependant que s'il veut nous donner la définition de la loi, cette reine des choses divines et humaines [1], c'est à Chrysippe qu'il l'emprunte.

Dès qu'elle se met en contradiction avec les mœurs, toute loi court grand risque de n'être qu'un texte mort. Si les lois qui, graduellement, modifièrent la législation romaine, purent être appliquées sérieusement, c'est que les mœurs, en partie du moins, s'adoucissaient peu à peu. Miroir

---

(1) Ο νομος εστι βασιλευς θειων τε και ανθρωπ'νω' γραμματων. (*Digeste*)

Il est vrai qu'à cette définition de la loi, Justinien en ajoute une autre qu'il demande à Démosthène.

4

fidèle de la société, la littérature nous en
fournit la preuve. Déjà nous avons cité sur
l'esclavage les paroles de Sénèque et de
Dion; ouvrons maintenant *le Satiricon* de
Petrone, nous verrons Trimalcion, qui
cependant fait souffleter un esclave sans
nul motif raisonnable [1], se montrer prêt à
affranchir tous sés esclaves, car après'tout,
remarque-t-il, ils sont des hommes et ils
ont bu le même lait que lui-même [2]. Martial veut que Démétrius, son esclave,

---

[1] Cum forte parapsis excidisset, et puer jacen-
tem sustulisset colaphis .. objurgare puerum jussit
(Petrone )

[2] Et servi homines sunt, et æquè unum lactem
bibeiunt. (Id.)

descende libre aux rivages du Styx [1], et Pline, qui témoigne à ses esclaves les sentiments d'un père, nous déclare que son plus grand bonheur est de les rendre à la liberté [2]. Méconnaître que cette disposition des esprits soit due en partie au stoïcisme serait de l'injustice, mais le christianisme, lui aussi, y a certes sa bonne part. Le disciple de celui qui avait dit : Aimez-vous les uns les autres, saint Paul, renvoyant un esclave à son maître, suppliait celui-ci de recevoir le fugitif comme un frère bien-

[1] Ne tamen ad Stygias famulus descenderet umbras (MARTIAL.)

[2] PLINE LE JEUNE, *Lettres.*

aimé [1]. Plus tard, un grand évêque [2] faisant la comparaison du maître avec l'esclave, remarquera que leurs corps sont de la même matière, leurs âmes de même nature, et il s'indignera que l'on réprime avec le fouet une désobéissance à de frivoles caprices. Quoi, disait saint Paulin de Nole, j'ai accepté les services d'un esclave! «malheur à moi qui l'ai souffert [3]! »

Si l'un des problèmes que l'homme ait le plus de peine à résoudre est d'établir une

(1) Non jam ut servum, sed pro servo carissimum fratrem. (*Ad Philemonem*)

(2) S. CYPRIEN.

(3) S. PAULIN DE NOLE

paix solide en lui-même, on comprend l'opinion de Sénèque qui, entre les stoïciens et les autres maîtres de la sagesse, voyait autant de différence qu'entre les hommes et les femmes.

*Pœte non dolet :* cette parole que Pline le jeune tenait en quelque sorte pour divine [1] ne saurait nous étonner dans la bouche d'une stoïcienne.

La révolte de Scribonianus venait d'être étouffée. Vaincu et captif, Cæcina Pætus est jeté sur un vaisseau qui le portera en

---

(1) Vocem immortalem ac pœnè divinam. (PLINE LE JEUNE, *Lettres*)

Italie ; Arria, sur une frêle barque de pê-
cheur, suit le sillage du navire à bord duquel elle n'a pu monter, et bientôt elle
comparaît devant Claude : c'est là que l'é-
pouse de Scribonianus, se faisant devant
elle la dénonciatrice de ceux qui ont pris
part à la révolte, elle s'écrie dans son in-
dignation : « Me faudra-t-il donc t'entendre
parler ainsi, toi aux bras de qui Scriboni-
nus est mort et qui consens à vivre [1] ? »

La voyant déterminée à quitter la vie,
son gendre, qui essaie de l'ébranler dans sa

---

[1] Ego, inquit, te audiam cujus in gremio Scribonianus occisus est et vivis ! (PLINE LE JEUNE)

résolution, lui demande si, dans le cas où il serait condamné à mourir, elle voudrait que sa fille le suivît :

Oui, certes, répond Arria, quand elle aura vécu aussi longtemps et dans une union aussi parfaite avec toi que j'ai vécu avec Cæcina [1].

Ce n'était pas la première fois qu'éclatait la fermeté de celle qui, nous dit Pline, adoucit à son mari les chagrins de la vie et lui apprit comment on meurt [2].

---

[1] Si tamdiu tantâ que concordiâ vixerit quam ego cum Pæto, volo. (PLINE LE JEUNE.)

[2] Quæ marito et solatium mortis et exemplum fuit. (PLINE LE JEUNE.)

Cæcina et son fils étant malades en même temps, celui-ci vint à succomber. Arria réussit à le cacher au pauvre père que la douleur eût tué peut-être. Ses larmes la suffoquaient-elles, elle s'éloignait un moment et ne revenait que lorsqu'elle était parvenue à dissimuler sur son visage le deuil profond de son cœur [1].

Après Arria, citerons-nous Lateranus et Helvidius.

Un affranchi de Néron, Épaphrodite, exige

---

(1) Deinde quum diu cohibitæ lacrymæ vincient prorumperent que egrediebatur, semet dolori dabat ; satiata, siccis oculis, composito vultu, tanquam orbitatem foris reliquisset (PLINE LE JEUNE)

que Latéranus lui livre le secret d'une conspiration tramée contre l'empereur.

— Si tu gardes le silence, lui dit-il, tu seras mis à la torture.

— Tu y mettras mes pieds, lui répond Latéranus, mais ma volonté restera libre...

— Eh bien! ta tête tombera!

— T'ai-je dit qu'on ne pouvait l'abattre?

Helvidius ne déploie pas une fermeté moins grande en face de Vespasien. Vespasien lui défend-il de se rendre au Sénat?

— Je serai à mon poste, lui répond Helvidius, tant que je serai sénateur.

— Consens du moins à garder le silence.

— Soit, si tu ne m'interroges pas.

— Je ne puis pas, tu le sais bien, ne pas t'interroger.

— Et moi, je ne puis me dispenser de te faire la réponse que me dictera la justice.

Combien d'autres exemples d'une énergie toute stoïque ne pourrions-nous pas citer chez les Romains :

Arrêtée ainsi que son mari dans la caverne qui pendant neuf ans les avait abrités, Éponine dit à Vespasien au moment où elle marchait à la mort :

— J'ai vécu sous la terre et dans la nuit

plus heureuse que toi qui, assis sur ton trône, voyais la lumière du soleil [1].

Cette fermeté d'âme, très louable en soi, pouvait, en s'unissant à des principes faux, conduire parfois jusqu'au crime  x qui la prenaient pour guide. Or, le crime ne devrait jamais trouver d'apologiste. Montesquieu a beau nous dire que la vertu semblait s'oublier pour se surpasser elle-même

---

[1] Bravant les factions et se dévouant par avance a leurs vengeances qu'il prévoyait, Guillermy disait devant sa femme et ses fils :

— Vienne une révolution, je veux être massacré le premier.

— O mon père, fit naïvement le plus jeune de ses enfants, stoïcien sans le savoir, je serais heureux que vous mourussiez ainsi.

et faisait admirer comme divine l'action qu'on ne pouvait admirer d'abord parce qu'elle était atroce, nous repoussons comme immorale une telle antithèse, estimant que la vertu qui semble s'oublier est bien près de ne plus être la vertu.

En se rangeant sous la loi du christianisme, le monde ne cessa pas de subir l'influence des doctrines stoïciennes. Retiré au désert, un ancien préfet de Constantinople, saint Nil, mettait aux mains de ses disciples le *Manuel d'Épictète*, ce livre qu'un homme d'État illustre [1] classait naguère parmi les

(1) THIERS

trois ouvrages qu'on ne se lasse pas de re-lire [1].

Les siècles succèdent aux siècles et le *Manuel d'Épictète* a si peu perdu de son autorité que saint Charles Borromée se confirme en le lisant dans le mépris des biens que le vulgaire estime [2].

Au XVIᵉ siècle les *motz dorés du grant et saige Caton* revivent dans les quatrains du sire de Pibrac, et, cent ans plus tard, un célèbre cardinal, neveu d'Urbain VIII, traduisant les maximes de Marc-Aurèle,

---

(1) *Berryer*, par Mᵐᵉ DE JANZE

(2) SANTI CONTI, *Degli stoici* ...

dédie cette traduction à son âme, afin de rendre son âme plus rouge que sa pourpre par le spectacle d'une telle vertu chez un païen.

Malheureusement le stoïcisme dans la partie blâmable de sa doctrine ne compta pas moins d'adeptes que dans la partie à laquelle sont dues de justes louanges.

La Rochefoucault, quand il témoigne son mépris profond pour la pitié [1], l'abbé Galigliani, lorsqu'il nous assure que la perte de son père, de son frère et de ses sœurs

---

[1] LA ROCHEFOUCAULT. *Mémoires*

ne lui a pas coûté une larme [1], sont de vrais stoïciens.

Il est un buste que l'on rencontre fréquemment dans les fouilles de Pompéi [2]. Ce buste est celui de Zénon : eh bien! dans la bibliothèque du marquis de Mirabeau, c'est le buste du philosophe de Citium qui occupera la place d'honneur. Nous ne sachions pas que le Stoïcisme ait faussé en rien les opinions de l'*Ami des hommes*, mais dans quelle école si ce n'est dans celle du Portique Garlisle apprit-il que la douleur

---

(1) V. Diderot
(2) Barthelemy, *Voyage en Italie.*

n'est point un mal [1]? Où Foscolo puisa-t-il
ces idées de suicide qui le hantèrent si obsti-
nément, si ce n'est pas à la même source,
ainsi que du reste lui-même nous l'a déclaré
formellement [2]?

Les stoïciens étaient pour Lanfrey les
plus grandes figures de la vertu qui aient
paru sur la terre : ils lui rappelaient ces
débris vénérables que l'on rencontre au
sein des cités disparues ; il va même jusqu'à s'étonner qu'on ne leur élève pas des
autels [3].

(1) CARLISLE, *Œuvres.*
(2) V. FOSCOLO, *Epistolario.*
(3) *Lettres d'Eviard.*

Une telle admiration nous semble exagérée ; on s'est montré plus impartial envers eux en les comparant à ces plantes auxquelles le soleil a refusé sa lumière [1]. Comme le stoïcisme, en effet, les plantes qui ont cru à l'ombre renferment bien souvent un principe vénéneux.

---

(1) MONTESQUIEU, *Esprit des lois*

## Erreurs et Vérité.

Laissons de côté les erreurs des stoïciens sur l'âme humaine et sur Dieu qu'ils faisaient matériels ; ne rappelons pas qu'ils n'eurent jamais des idées bien arrêtées sur nos destinées futures, et qu'ils confondirent la nature divine avec la nature humaine [1]; quant à leur logique, nous avons vu ce qu'elle était.

Un Français qui avait traversé le Rhin

---

[1] Dans la philosophie de Zenon, l'ouvrier n'est pas assez distingue de l'ouvrage. (GIBBON, *Œuvres*)

fit cette remarque ingénieuse [1] : « Les Alle-
mands parlent un étrange jargon, mais ils
se comprennent entre eux. » Nous ne savons
si Chrysippe et ceux qui parlaient son triste
jargon se comprenaient mutuellement ; ce
qu'il y a de sûr, c'est que pour les comprendre il nous faut de grands efforts ; ils
ressemblent trop à ce rhéteur dont nous
parle Tite-Live, lequel effaçait dans les livres
de ses disciples ce qui ne lui semblait pas
assez obscur.

Si Henri Heine, de nos jours, pour lire
un livre de philosophie allemande, atten-

---

(1) XAVIER MARMIER.

dait qu'il fût traduit en français, pour lire Chrysippe peut-être est-il permis d'attendre qu'il soit traduit dans une langue à peu près intelligible.

Occupons-nous maintenant de ce qui nous semble dans la morale du Portique mériter notre critique. Égaler tous les vices entre eux, mettre toutes les vertus sur la même ligne, prétendre, comme le faisaient les stoïciens, qu'égorger son père et tuer un coq sans nécessité [1] sont deux crimes

---

[1] Qui gallum gallinaceum quum opus non fuerit quam cum qui patrem suffocaverit. (*Pro Murenâ.*)
C'est ainsi que certains Juifs ne mettaient aucune différence entre l'adultère et l'omission de certaines ablutions.

égaux, et qu'il y a un mérite égal à souf-
frir sans se plaindre la piqûre d'une mouche
et à défendre intrépidement sa patrie,
n'était-ce pas pousser l'extravagance jusqu'à
ses dernières limites? C'est un bien beau
mariage celui de la déesse Ratio et du
dieu Modus dont nous parle un livre du
XIIᵉ siècle. Pourquoi les stoïciens dans
leur école le célébrèrent-ils si rarement?
Un tort plus grave chez eux fut d'en-
visager le suicide comme le grand re-
mède aux maux de la vie; de croire que
l'interdire c'était fermer la porte à la liberté, qu'en un mot, ce qu'a fait de plus
sage la Providence, c'est de donner une

seule entrée et plusieurs issues à la vie [1].

« Il vous plaît de vivre, nous dit un de leurs plus illustres moralistes, vivez : il ne vous plaît pas, retournez au lieu d'où vous êtes sorti : il n'est pas un arbre où la liberté ne soit suspendue, pas un puits au fond duquel elle ne se trouve : quand un jeu cesse de plaire aux enfants, ils disent : Ne jouons plus; lorsque le jeu de la vie te déplaît, ne peux-tu dire de même : Je ne jouerai plus. »

Marc-Aurèle, lui aussi, nous engage à

---

[1] Nihil melius æterna lex fecit quam quod unum introitum nobis ad vitam dedit, exitus multos. (SÉNÈQUE, *Epist.* 61.)

quitter la vie, quand elle ne nous offre que des ennuis, comme l'on quitte une maison où l'on est gêné par la fumée.

A Marseille jadis, celui qui voulait en finir avec la vie devait instruire de sa détermination le conseil des Six-Cents. Les motifs sur lesquels il se fondait étaient-ils reconnus valables, on lui remettait un poison où il entrait de la ciguë [1].

Pour faire un choix entre la vie et la mort, les stoïciens ne reconnaissaient d'autres juges qu'eux-mêmes.

_____

(1) Venenum cicutâ temperatum in ea civitate publicè custoditur quod datur ei qui causas sexcentis (id enim senatus ejus est nomen) exhibuit, propter quas mors sit illi expetenda. (VALÈRE-MAXIME.)

Fût-on en possession d'une prospérité absolue, le parti le plus sage serait encore, si nous en croyons Chrysippe, de renoncer à la vie où le bonheur arrivé à son apogée ne peut que décliner.

Quand La Rochefoucault nous assure que la mort et le soleil ne sauraient être regardés en face [1], il oublie les stoïciens.

Apprenant la mort de son époux, tombé aux champs de Philipes, Porcia, déterminée à le rejoindre, prend des charbons ardents, les porte avidement à sa bouche,

---

(1) LA ROCHEFOUCAULT, *Maximes.*

et succombe à l'incendie homicide qu'elle allume en son sein.

La goutte[1], une dartre[2], la perte d'une pièce de théâtre[3] étaient aux yeux des stoïciens des motifs suffisants pour se donner la mort. Zénon et Cléanthe avaient ouvert la route; chez les Romains, elle fut suivie trop fidèlement par leurs disciples.

Qui pourrait refuser son admiration à Codrus se jetant, pour assurer le triomphe

---

(1) Summa ratio quæ sapientibus pro necessitate est ad hoc concilium pertulit (CORELLUM RUFUM; PLINE LE JEUNE)

(2) Telle fut la cause du suicide de Festus, favori de Domitien

(3) Terence se tua pour ce motif misérable

d'Athènes, sur le front de l'armée ennemie?
Qui ne comprendrait les pleurs de Cicéron
lisant le récit de la mort de Théramène,
lequel au moment où il tient en main la
coupe de poison porte la santé du beau
Critias [1], ou qui, partageant l'opinion d'A-
pollonius, ne verrait dans les Thermopiles,
où succombèrent Léonidas et ses intrépides
compagnons, la plus haute montagne de la
Grèce [2]? On a pu, avec autant de vérité
que d'éloquence, comparer les martyrs du
patriotisme et de l'honneur à ces cygnes

---

[1] Etsi flemus cum legimus.

[2] PHILOSTRATE

qui, au dire des anciens, prévoyant les biens dont la mort allait les mettre en possession, chantaient en quittant la vie un hymne de joie et d'espérance [1] !

Les raisons pour lesquelles vous le condamnez sont, nous dit-on, de celles qu'un désespoir ferme dédaigne d'accueillir et auxquelles Caton répond par un coup de poignard [2] :

> « Mais Caton a mal fait, mais Brutus avait tort,
> Le sage est mal sorti, l'intrepide est mal mort,
> Le suicide est une fuite;

---

[1] Providentes quid in morte boni sit cum cantu et voluptate moriuntur. (*Tusculanes.*)

[2] VOLTAIRE, *L'Ingénu*

Dieu qui seul a le droit d'eteindre le flambeau,
Quand ces grands essouffles sont tombes au tomber,
Ne leur a dit qu'un mot: trop vite!

Ne te derobe pas par la mort aux lenteurs
Du supplice qu'il faut subir sur les hauteurs,
C'est l'epreuve, acceptons-la toute;
Agonise et vieillis sans dire: je suis las;
L'homme est fait pour mourir heure par heure, helas!
Les pleurs pour couler goutte a goutte (1); »

C'est là ce que ne virent point les stoïciens; ils ne surent pas comprendre qu'il
y a, ainsi que l'a dit notre vieux Charron[2],
plus de constance à user sa chaîne qu'à la
rompre, et que nous ne devons pas demander le repos avant la fin du jour.

(1) *Les quatre vents de l'esprit.*

(2) *De la sagesse.*

Socrate déplorait l'aveuglement de ceux qui, en ce qui touche les plaisirs des sens, acceptent les animaux comme des témoins auxquels nous devons ajouter plus de foi qu'aux leçons de la philosophie, cette muse chaste et céleste [1]. C'est lui qui comparait une belle femme à la phalange, laquelle ne saurait toucher notre lèvre sans nous causer soudain une douleur mortelle [2].

---

[1] Των θηριων ερωτας οιονται κυριους ειναι μαρτυρας μαλλον η τους των εν μουση φιλοσοφα μεμαμτομενων εκαστοτί λογων. (Φιλήβος.)

[2] Avant d'accuser Socrate d'exagération, qu'on veuille bien se rappeler les mille bassesses, les infamies sans nombre que la beauté de la femme a enfantées en tout temps, et dont M Legouvé nous citait hier encore dans Berlioz un exemple mémorable.

« Si je disais aux voluptés : ô mes amies, lequel aimez-vous le mieux être, unies à la sagesse ou en être séparées ? ne me répondraient-elles pas ; nous aimons mieux lui être unies, tandis que la sagesse, si je lui adressais la même question, ne témoignerait que mépris pour des plaisirs qui portent le trouble dans notre âme [1]. »

Ainsi parlait Socrate; Phocylide lui aussi tenait l'amour pour la plus funeste des passions [2], et, comme le maître de Platon,

---

(1) Οφῖλαι, μων ουκ ἀξαισθ' οἰκεῖν μετα φρονησεως χαριστον φρονειν. (Φιλήϐος.)

(2) *Sentences de Phocylide.*

il eût rougi, à l'exemple d'Épicure, d'in-
troduire la volupté dans la philosophie
comme une courtisane dans une compagnie
de femmes honnêtes. Oublieux de leur
maxime ανεχου, απεχου, abstiens-toi et sup-
porte, loin de s'élever contre ce que l'on
a nommé si justement la folie du corps [3],
les stoïciens ne rougirent pas d'approuver
les amours contre nature [1], la commu-

---

(3) PLATON

(1) Pueris semper usus est tanquam fœmina.
(ATHÉNÉE) Gum prætereà detestabile sit apud nos
αιγρουσγειν Zeno approbat. Nous devons dire cependant que Musonius s'eleva contre ces infamies, mais
chez les stoïciens il fut une exception.

nauté des femmes [1], les unions inces-
tueuses [2].

Il fut un temps où deux mots, corrompre

---

(1) Κοινὰς δε γυναιχας δογματιζειν. (S. Éphiphane.)
La communauté des femmes, disaient les stoïciens,
t'ent le sage exempt des tioubles qu'engendre
l'amour pour une femme unique, puisque, giâce à
cette communauté, nous epiouvelions un amour de
père pour tous les enfants sans aucune distinction.

(2) Ἐλεγε γαρ δειν μαγνοθαι ταις μητρασι τους παιδας τοις
δε πατρασι τας θυγατερας. (S. Epiphane.) Ces unions
abominables, Chrysippe les justifiait par l'exemple des
animaux. Diderot (*Encyclopédie,* ait. stoicisme), a
voulu jeter quelques doutes sur ces faits incontes-
tables. Lui-même avait à sa chaige des doc-
tiines non moins odieusés. (V. dans le supplément
au *Voyage* de Bougainville, l'apologie de l'inceste et
de l'adultèie) « Giavez sur le maibie : Tu ne con-
naîtras que ta femme : tu ne seias point le maii de
ta sœur : mais n'oubliez pas d'accioîtie les châtiments
à propoition de la *bizaneerie* de vos défenses. » (Supplément au *Voyage* de Bougainville; *Œuvies complètes*
de Diderot.)

et se laisser corrompre, *corrumpere* et *cor-*
*rumpi,* résumaient les mœurs de Rome [1];
plus les jeux étaient infâmes, plus on s'y
portait avec fureur [2]; Virgile et Stace
chantaient les amours que l'on sait, et
l'opinion publique leur était indulgente.
Les plus honteux mystères s'abritaient
.sous les bosquets de Simula; la vertu sa-
crifiée chez de jeunes enfants achetait l'ab-
solution de Claudius [3]; et le roi des

[1] Corrumpere et corrumpi seculum vocatur (TA-
CITE.)

[2] Tanto devotius quanto turpius celebrari solent.
(ID )

[3] VALÈRE-MAXIME

Parthes [1] dans une lettre publique reprochait à Tibère les turpitudes que Rome consacrait par un culte. Les choses en étaient venues à ce point que le Sénat effrayé décrétait l'érection d'une statue en l'honneur de Vénus Verticordia [2] ; mais celle qui avait fait le mal pouvait-elle le guérir ? Quand l'Oronte se mêlant au Tibre couvrait ainsi Rome de ses fanges [3], une philosophie digne de ce nom eût peut-être comprimé, ou rallenti du moins, ce débor-

(1) ARTABAN.

(2) VALÈRE-MAXIME.

(3) Jampridem Sirus in Tiberim defluxit Orontes. (JUVÉNAL.)

dement déplorable ; le stoïcisme ne fit que le grossir. Chrysippe n'avait-il pas approuvé Diogène, qui se livrant à une action infâme, souhaitait pouvoir aussi facilement se délivrer de la faim. N'avait-il pas soutenu qu'il vaut mieux perdre la raison que de perdre la forme humaine ? Ce n'était donc pas sans motif que Juvénal entre les stoïciens et les cyniques n'apercevait d'autre différence que la tunique [1]. Pour dire la vérité, ils étaient bien les fils de celui, qui, comme on le disait dans un langage pitto-

[1] Et qui nec stoicos nec stoica dogmata legit
A stoicis tunica distantia. (JUVENAL.)

resque, avait écrit sur la queue du chien ses premiers ouvrages [1] : aussi, sommes-nous surpris de voir Julien qui ne perd pas une occasion de louer Zénon et ses sectateurs [2], se montrer dur et agressif à l'endroit des cyniques [3].

Après avoir soutenu que pour vivre selon la nature il faut vivre selon la raison,

---

[1] On demandait un jour à Biffaut pour quelle raison il portait un nom de chien. Mes ancêtres, repondit-il, étaient des chiens jadis, mais ils devinrent méchants et Dieu les changea en hommes Charlet disait aussi : ce qu'il y a de meilleur dans l'homme c'est le chien Ce sont là des plaisanteries dont on peut rire, mais que nul à coup sûr ne prendra au serieux, quelque esprit que l'on puisse y trouver.

[2] *Œuvres de Julien,* passim.

[3] Εις τους απαιδευτους κυνας.

les stoïciens en étaient venus à prétendre que la raison n'est pas autre chose que la nature, laquelle déterminant nos penchants les justifie par cela même [1]. Leur sage péchait honnêtement [2], pris de vin il n'était pas ivre [3].

Les casuistes d'une morale, où l'on était tombé si bas que la passion y était choisie pour l'interprète du devoir, et où l'âme, par une déplorable interversion des rôles, demandait sa loi au corps, nous

---

(1) Το κατα λογον ζην ορθως γιγνεσθαι τοις κατα φυσιν, τεχνῄθης γαρ αυτος εγιγνεται της ορμης.

(2) SÉNEQUE, *Epist.* 83.

(3) LACTANCE, *Institutiones divinæ.*

semblent moins excusables que cette jeune fille, laquelle gourmandée par son père sur l'inconvenance de son costume, lui répondait cyniquement : Avec quoi, mon père, voulez-vous que je me pare [1] ? car eux, après tout, trouvaient dans leur école assez de beaux préceptes pour s'en faire une parure.

Ils le dédaignèrent trop et, en fait de corruption, semblèrent prendre à tâche de ne pas dépasser le niveau de leur siècle. A la différence de la femme d'un homme illustre [1] qui marchait à merveille, mais boitait

---

(3) MANUEL, *La police dévoilée.*
(1) MONTESQUIEU.

quand elle voulait marcher mieux, pour ne pas marcher mieux que leurs contemporains ils boitèrent en morale de la façon la plus honteuse.

O pudeur, s'écrie un vieil historien, en quel lieu te porterai-je mon hommage [1] ? Nous savons en quel lieu cet hommage à la pudeur eût convenablement trouvé sa place, mais ce n'était pas dans l'école stoïcienne. Si Salvien reprochait aux chrétiens de son temps d'être vaincus par leurs vices [2],

---

(1) Undè te.., pudicitia invocem. (VALÈRE-MAXIME)

(2) SALVIEN, *De gubernatione Dei.* Bossuet, lui aussi, dira plus tard : O foi et science des chrétiens ! O vie et pratique des chrétiens, est-il rien de plus opposé ni de plus discordant que vous êtes?

c'est en oubliant leur loi que les chrétiens méritaient ce blâme, tandis qu'entre les principes et la façon d'agir des stoïciens, nous ne saurions, quoi qu'en dise Brucker, apercevoir la moindre contradiction [1].

Dédaigneux de cet autel de la pitié que Démonax recommandait au respect des Athéniens [2], les stoïciens méritent-ils beaucoup de sympathie quand nous les voyons considérer la pitié comme le vice d'une âme faible, comme une maladie contre la-

---

(1) Alia principia habuere vivandi, alia disserendi. (J. BRUCKER, *Historia critica philosophiæ*)

(2) LUCIEN, *Vie de Démonax.* .

quelle le sage doit se mettre en garde [1],
plaignons-les de n'avoir pas connu ces
larmes douces à celui qui les verse, douces
aussi à celui qui les sent tomber sur ses
blessures [2].

Je rends grâces au Dieu, dit ce person-
nage de la tragédie, de n'être pas Romain
pour conserver encore quelque chose d'hu-

---

(1) Misericoidia ut vitium pusilli animi etiamsi ple-
rique ut virtutem laudent (SENEQUE, *De clementiâ* )

Les Syriens, par leur coutume de porter le deuil
de leurs proches en habits de femmes, semblent avoir
voulu montrer eux aussi que la pitie etait pour eux
un sentiment peu viril.

(2) O lacrymarum fons

Felix animo qui scatentem
Pectore te, pia nympha, sensit (GAY )

main. Nous aussi, nous rendons volontiers grâces au ciel de ne pas avoir été stoïcien, puisque les stoïciens repoussaient un sentiment qui non seulement est l'honneur de l'homme, mais où l'on doit reconnaître quelque chose de divin [1].

Un Thrace ignorant avait acheté des plans de vigne et d'olivier. Voyant un jour son voisin émonder dans ses vignobles des jets qui rampaient sur la terre, il s'arma de la cognée et, taillant au hasard, il coupa les branches fécondes en même temps que

---

[1] Μᾶλλον δὲ θεῖον τι. (CLÉMENT D'ALEXANDRIE)

les branches inutiles [1]. C'était là, nous dit le fabuliste, l'image fidèle *d'un indiscret stoïcien* [2], et, en effet, oubliant que toute connaissance doit se tourner à aimer [3], qu'aimer et compatir est bien près de constituer la perfection chez l'homme [4], le stoïcien, jaloux de sauvegarder son impassibilité, n'hésitait pas à se mutiler moralement [5].

Durant la persécution qui sous le règne de Décius sévit contre les chrétiens, l'é-

---

(1) VALÈRE-MAXIME.

(2) LA FONTAINE, *Le philosophe scythe.*

(3) BOSSUET.

(4) ADAM SMITH

(5) Un fils est mort, et puis après : un fils est mort; rien de plus, rien de moins (ÉPICTÈTE.)

vêque Trophime avait par faiblesse brûlé de l'encens aux idoles. Touché de repentir, il demanda à rentrer dans la communion de l'Église. Le pape et les évêques accueillirent sa requête mais l'antipape Novatien, un ancien disciple de Zénon, se montrant inexorable à l'égard de Trophime, saint Cyprien s'éleva contre cette dureté, et put dire avec une haute sagesse :

« Nous devons éviter tout ce qui vient non de la clémence de Dieu, mais de la présomption d'une philosophie trop austère [1]

---

(1) Vitanda sunt quæ non de Dei clementiâ veniunt, sed de philosophiæ durioris præsumptione descendunt (S. CYPRIEN, *de Cornelio et Novatiano.*)

Qu'y a-t-il de commun entre le chrétien et le philosophe stoïcien auquel il est si difficile d'arracher un pardon [1] ? »

Ce qui nous choque non moins que ce divorce absolu avec la pitié dont l'école stoïcienne prétend nous faire une loi, c'est cette hypocrisie qui veut que nous la simulions sans la ressentir réellement [2] ; c'est aussi cet odieux sentiment de défiance à

---

(1) Alia est philosophorum et stoicorum ratio. qui dicunt virum gravem non facilè flecti oportere. (S. CYPRIEN.) Ciceron avait dit aussi en nous décrivant les opinions stoïques. Cujusquam delicto ignoscere viri non esse, neque exorari neque parcere. (*Pro Mur end.*)

(2) Vois-tu quelqu'un dans le deuil, compatis à sa douleur par tes discours, mais garde-toi d'être affligé. (ÉPICTÈTE)

l'égard de nos semblables qui prétend nous dégager envers eux de toute reconnaissance en supposant à tout service qu'ils pourraient nous rendre un motif intéressé [1].

Empruntant une image énergique à Théognis de Mégare, ne nous est-il pas permis, lorsque nous voyons les moralistes stoïciens tenir un langage empreint d'une si amère misanthropie, de regretter qu'un bœuf n'ait pas posé son pied pesant sur leur langue [2].

Passons maintenant à un autre grief.

---

[1] Qui sait s'il n'a pas pris soin de toi comme de sa chaussure (ÉPICTÈTE )

[2] *Sentence de Theognis de Mégare.*

Pourquoi Marc-Aurèle ne se sent-il attiré vers la vertu ? c'est que la pourpre étant le plus bel ornement d'une tunique, il veut être la pourpre [1]. Mais la pourpre se ternit et n'empêche pas un vêtement de s'en aller en lambeaux : n'importe ! les yeux tournés vers l'avenir, il se résigne à tomber comme l'olive qui, en se détachant de la branche, embrasse la terre sa nourrice : un tel détachement de nos destinées d'outre-tombe nous semble peu raisonnable : que l'amour de Dieu ne doive pas être un amour mercenaire, que la vertu ayant pour

---

(1) Εγω δε πορφυρα ειναι βουλομαι.

trait de haute noblesse de ne correspondre à aucun salaire, il ne convienne pas d'en faire une négociation à long terme, nous le reconnaissons volontiers; il n'en est pas moins très peu philosophique de séparer la vertu de la récompense qui la couronnera un jour [1], et puisque notre âme est une plante du ciel [2], de ne pas chercher derrière le voile le redressement des injustices qui nous attristent sur cette terre [3].

---

[1] BOSSUET.

[2] PLATON.

[3] What hope of answer or redress
Behind the veil, behind the veil. (TENNYSON )
For some think beyond poor man sure must live.

(*Burns'works.*)

De tous les torts des stoïciens, le plus grave fut d'égaler l'homme à Dieu par un orgueil que Pascal, non sans raison, qualifiait de diabolique [1].

On a voulu voir quelque chose de très propre à élever l'âme dans l'hymne qu'ils entonnaient en l'honneur de leur sage [2]. Seul il était roi, seul il était prêtre, seul il était prophète [3]. Pour nous, nous estimons

[1] Chrysippe soutenait que Dion n'a pas moins de vertu que Ζευς. Sénèque allait plus loin puisque, selon lui, il est un point où l'homme l'emporte sur Dieu. Ille (Dieu), naturæ beneficio, suo sapiens (SÉNÈQUE).

[2] Raymond THAMIN, *Un problème moral dans l'antiquité.*

[3] Βχσιλειαν, ιεροσολην, προφητειαν μονω προσαλτουτες τω σοφω. (CLÉMENT D'ALEXANDRIE)

au contraire qu'une telle infatuation de soi est féconde en résultats déplorables.

Pour porter un jugement vrai sur lui-même, Socrate eût voulu posséder une pierre semblable à celle qui nous fait reconnaître l'or entre tous les métaux [1]. S'inspirant de la même pensée, saint Augustin disait à Dieu : « Fais que mon goût moral séduit et abusé, n'estime pas amer ce qui est doux, et doux ce qui est amer ; que les ténèbres ne soient pas pour moi la lumière, et la lumière les ténèbres [2]. Plus présomp-

---

[1] PLATON, *Dialogues.*
[2] Ne vanis illeceptus et deceptus interior gustus ponat amarum dulce et dulce amarum (*Meditationes.*)

tueux, les stoïciens se flattaient de ne se tromper en rien [1] et de reconnaître la vertu comme l'on reconnait le miel à sa saveur [2]; or, comme d'après eux, il suffit pour que nous fassions le bien que nous le connaissions, on voit en quelle haute estime ils se tenaient eux-mêmes [3]. Wieland nous

---

(1) Nulla re falli. (CICÉRON, *Pro Murenâ.*)

(2) Mel suo sapore dulce agnoscitur. (ÉPICTÈTE.)

(3)    Du vieux Zénon la docte confrérie
       Disait tout mal être issu d'âneric.
                          (J. B ROUSSEAU.)

Ovide est plus dans le vrai quand il nous dit :
    Trahit invitam nova vis, aliudque Cupido.
Mens aliud suadet.
                 (OVIDE, *Métamorphoses* )

Dieu, nous assure saint Irénée, laisse l'homme maître de son âme; mais trop souvent il se fait l'esclave de la passion.

semble donc avoir raison quand il compare la philosophie du Portique à une femme fardée et amoureuse d'elle-même [1]. Ce qui nous surprend, c'est de voir Montesquieu, qui disait aux hommes modestes : Où êtes-vous que je vous embrasse [2], se montrer le grand admirateur des stoïciens, dont la modestie ne fut jamais la vertu favorite [3]. Ne leur ménageons pas nos éloges quand ils se refusèrent à confondre le succès avec

[1] WIELAND, *Théagès.*

[2] *Lettres persanes.*

[3] Parmi les stoïciens, Marc-Aurèle est une exception ; il fuyait l'éloquence, parce qu'il se plaisait à lui-même quand il avait prononcé un discours plus beau que de coutumé. (*Lettre de F. Fronton.*)

la justice, mais n'allons pas jusqu'à croire que les préceptes d'aucune secte ne furent plus propres que les leurs à former des hommes de bien [1]. Quoi que l'on ait pu dire [2], en effet, leur doctrine n'exigeait point la perfection morale; si elle fut la plus belle à laquelle l'homme puisse s'élever par ses seules forces [3], c'est que, réduit à ses propres forces, l'homme aura toujours de la tendance à retomber sur la terre.

---

(1) *Esprit des lois.*
(2) Clarisse BADER, *La femme romaine.*
(3) LAPRADE, *Le grand Corneille.*

Lorsque l'on oppose le stoïcisme à l'épi-
curéisme, on signale d'ordinaire [1] la volupté comme le principe de ce dernier, et
l'orgueil comme le principe de l'école de
Zénon; cette antithèse peut être vraie à
certains égards; nous avons fait voir
cependant que dans le stoïcisme, la volupté
et l'orgueil, bien loin de vivre en guerre,
se maintinrent toujours en fort bons termes
l'un avec l'autre.

Alors que les hommes courant à pleines
voiles après l'erreur, se flattaient follement

(1) PELLIGIER, *Les grandes leçons de l'antiquité chrétienne.*

de tenir la vérité [1], peut-être fallait-il qu'un Dieu leur montrât lui-même la vraie route.

C'est d'un hameau de la Palestine que sortit le salut du monde. Là fut le berceau de celui auquel nous devons cette civilisation dont nous sommes fiers à juste titre.

Lorsque la Judée bâtit un temple à Jéhovah, elle demanda à la Grèce ses marbres les plus beaux [2]; mais elle fit plus que s'acquitter envers elle, le jour où l'un de ses fils entra dans la ville de Minerve,

---

(1) Destouches.

(2) V. les *Paralipomènes.*

apportant à l'ignorant, comme au savant et au lettré, une doctrine près de laquelle nous semble d'un prix assez mince tout ce que les carrières de Paros, tout ce que le mont Pentélique peuvent contenir de richesses.

# APPENDICE

Peut-être, ayant lu cette étude consacrée par nous à l'examen de la doctrine stoï-cienne, tiendra-t-on pour outrée la critique que nous en avons faite.

Quoi! nous dira-t-on, la philosophie dont Marc-Aurèle et Épictète s'honorèrent de se dire les adeptes aurait été à certains égards une doctrine fort peu morale? Ainsi donc ce Zénon qui érigea dans le Pécile une école rivale de celle d'Épicure n'aurait pas lui-même sur certains points sauvegardé mieux qu'Épicure les droits sacrés de la

vertu; et le monde se serait trompé en plaçant aux antipodes de la philosophie deux
doctrines qui au fond ne différeraient point
radicalement ?

Laissons ici la parole à Sénèque, l'élo-
quent interprète du stoïcisme; nous verrons
si lui-même, en dépit des apparences, ne
confirme pas nos conclusions.

« La volupté, » ainsi s'exprime Sénèque
dans son traité de la vie heureuse [1],
« nous enveloppât-elle de toutes parts, et
« s'insinuant par tous nos sens, parvînt-
« elle à nous séduire, est-il un mortel, s'il
« a conservé en son âme quelque chose
« d'humain, qui, abdiquant son âme pour

---

(1) SÉNÈQUE, *De vita beata.*

« s'occuper exclusivement de son corps,
« voulût accepter des voluptés le poursui-
« vant jour et nuit de leurs sollicitations
« et de leurs caresses [1],

« Qu'arbitre suprême du plaisir, l'âme se
« remplisse de tous les objets qui flattent
« lés sens; qu'avec le souvenir des voluptés
« d'hier elle assaisonne les voluptés du mo-
« ment et façonne sur leur modèle celles
« qu'elle veut goûter demain; que du sein
« de la fange où elle s'enfonce elle envoie

---

[1] Nam quo1 ad voluptatem pertinet, licet cir-cumfundatur undique, per omnes vias influat, ani-mumque blandimentis suis leniat, ai bque ex aliis admoveat quibus totas partes que nostri sollicitet, quis mortalium, cui ullum superest hominis vesti-gium, per diem noctem que titillari velit, deserto animo, corpori operam dare. *(De vita beata.)*

b*

« ainsi sa pensée à la conquête de l'avenir,
« je l'estimerai pour mon compte d'autant
« plus malheureuse, que donner la préfé-
« rence au mal sur le bien est l'acte d'un
« insensé [1].

« La vertu est quelque chose de grand,
« d'élevé, de royal, d'invincible, d'infati-
« gable. Vous la trouverez dans les temples,
« dans le forum, au sénat, couverte de
« poussière, le teint hâlé, tandis que la
« volupté se cache d'ordinaire dans la nuit,
« affectionnant les bains, les étuves, les

---

(1) Luxuriæ et voluptatum arbiter impleat se omnibus iis quæ oblectare sensus solent, deinde præterita respiciat, et expletarum voluptatum memor exultet prioribus futuris que jam immineat, ac spes ordinet suas, et dum corpus in præsenti sagina jacet ad futura præmittat hoc mihi miserior videtur quoniam bona pro bonis legere dementia est.

« lieux qui appréhendent l'inspection de
« l'édile : là, elle chancelle sous l'ivresse,
« pâle ou fardée, énervée et toute souillée
« de graisses immondes et de parfums[1].
« La vertu bannit tous les vices ; elle pèse
« la valeur des voluptés avant de leur per-
« mettre d'arriver jusqu'à soi, et celles
« qu'elle admet, elle se borne à les recevoir,
« s'applaudissant des limites dans lesquelles
« elle les resserre[2]. »

---

(1) Altum quidem est virtus, excelsum, regale, in-
victum, infatigabile... virtutem in templo convenies,
in foro, in curia,... pulverulentam, coloratam ; voluptatem latitantem sæpius, ac tenebras captantem,
circa balnea ac sudatoria ac loca ædilem metuentia,
mollem, enervem, mero atque unguento madementem,
pallidam, aut fucatam et medicamentis pollutam.

(2) Voluptates æstimat antequam admittat, nec
quas probavit magni pendit (utique enim admittit),
nec usu earum sed temperentia læti est.

« Associer la vertu et la volupté serait
« détruire la solidité de l'une par la fra-
« gilité de l'autre[1], tandis que nous de-
« vons placer le bonheur dans un asile
« dont la violence ne puisse l'arracher, et
« qui soit inaccessible à la douleur comme
« à l'espérance et à la crainte[2].

« La vertu seule peut s'élever à ces hau-
.« teurs; seule atteignant la cime de cette
« montagne escarpée, elle s'y maintiendra
« ferme contre tous les assauts, acceptant de
« bon cœur avec la vie toutes ses vicissi-

---

(1) Fragilitate alterius boni quidquid in altero vi-
goris est hebetat.

(2) Illo ergo summum bonum ascendat ubi nulla
vi detrahetur, quo neque dolori neque spei sit adi-
tus.

« tudes puisque celles-ci dépendent de la
« nature et qu'y échapper lui est impos-
« sible. Ainsi semblable au soldat généreux
« qui voit avec calme ses blessures et qui
« percé de traits aime encore le général
« pour lequel il meurt, elle aussi ne perdra
« jamais de vue cet ancien précepte :
« Marche à la suite de Dieu[1]. »

Que ces conseils soient éloquents, nous
le voulons bien, mais en définitive à quoi

---

[1] Ascendere autem illo solus virtus potest; illius
gradu elatus iste frangendus est... quidquid evenerit
feret non patiens tantum sed etiam volens, et
omnem temporum difficultatem sciet legem esse naturæ et, ut bonus miles feret vulnera... et transver-
beratus telis amabit eum pro quo cadet imperatorem,
habebit in animo illud vetus præceptum : Deum Se-
quere.

aboutissent-ils ? à nous prêcher la morale d'Épicure, que Sénèque, remarquons-le bien, n'hésite pas à approuver [1]. Épicure, lui aussi, dans les voluptés, ne nous recommande rien tant que la modération. La vertu, me dit Sénèque, doit marcher la première [2]; à elle de faire un choix dans la foule des plaisirs : A la bonne heure; mais dans ce choix qui la guidera ? la nature ? hélas ! les conseils de la nature ne nous portent-ils pas souvent au mal ! Sénèque s'élève-t-il contre les exemples de corruption que Zénon et Chrysippe, les chefs de sa secte, don-

---

(1) Sancta Epicurum et recta præcipe; jubet illam (voluptatem) parere naturæ.

(2) Prima virtus sit; hæc ferat signa, virtus antecedat.

nèrent à leurs disciples? Quand a-t-il appelé vice ce qui ne peut certes recevoir un autre nom, et ce que ces philosophes sanctionnèrent toutefois de leur autorité.

Ce n'est pas, croyons-nous, par de vagues censures, et quand on ne précise rien, que l'on peut avec fruit combattre la volupté.

Sénèque du reste nous avoue que sa conduite concorde mal avec ses discours. C'est qu'il n'est pas encore un sage et que probablement il ne le sera jamais[1]. Le luxe, en effet, présidera toujours à ses ameublements[2]; toujours le vin que

---

[1] Non sum sapiens .. nec ero

[2] Cur tibi nitidior supellex est.

l'on boira à sa table sera plus vieux
que l'amphitryon lui-même [1]; toujours les
boucles d'oreilles que portera sa femme
seront d'une telle magnificence que le re-
venu annuel d'une maison opulente n'arri-
verait pas à les payer [2]; sa mémoire, si
riche qu'elle soit, ne pourra retenir les
noms de ses nombreux esclaves [3], et ses
possessions qui s'étendent bien au-delà des
mers seront si vastes que lui-même ne les
connaîtra pas toutes [4].

---

(1) Cur apud te vinum aetate tua vetustius bibitur.

(2) Quare uxor tua locupletis domus censum auribus gerit.

(3) Tam luxuriosus ut plures habeas (servos) quam quorum notitiæ memoria sufficiat.

(4) Cur trans mare possides? Cur plura quam nosti?

Ajoutons, sans craindre de le calom-
nier, que si d'aventure quelque jeune et
gracieuse jeune fille lui envoie un sourire,
son cœur de stoïcien pourra bien battre
un peu plus vite qu'il ne siérait à un philosophe [1].

Il a donc raison d'en convenir, il n'est
pas parvenu à la santé [2] et ce n'est pas
avec l'aide du Stoïcisme qu'il y parviendra
jamais.

Vertu morale, sociale et nécessaire à la

---

[1]
                                  Sed si
Candida vicini subrisit molle puella
Cor tibi rité salit.

                                  PERSE

[2] Non pervenit ad sanitatem, nec perveniam quidem.

                                  SENÈQUE.

vie du genre humain [1], la chasteté n'a point fleuri et ne pouvait fleurir dans l'école du Portique : il fallait un sol nouveau, une atmosphère nouvelle pour qu'elle vît relever et honorer ses autels.

---

(1) LACORDAIRE, *Conférences.*

# TABLE DES MATIÈRES

IMP. ALPH. LE ROY FILS, RENNES.

www.ingramcontent.com/pod-product-compliance
Lightning Source LLC
Chambersburg PA
CBHW072043080426
42733CB00010B/1978